SHENGCHUANJI
TIAOSHI

升船机调试

贵州乌江水电开发有限责任公司
杭州国电机械设计研究院有限公司
编

中国电力出版社
CHINA ELECTRIC POWER PRESS

内 容 提 要

本书系统介绍了钢丝绳卷扬提升式垂直升船机调试的最新技术成果。书中简要介绍了国内外升船机的发展概况，以及钢丝绳卷扬提升式升船机的总体布置、设备组成、正常运行程序、调试总体目标、调试阶段划分和实施路线；重点阐述了钢丝绳卷扬提升式升船机单机调试、分系统调试、联合调试、实船试验、安全性能试验等各阶段的调试项目、调试条件、调试内容与要求以及调试方法；对于一些复杂的项目调试，结合工程案例进行了详细阐述。

本书可供从事升船机研究人员、设计人员、电气调试技术人员与运行管理人员参考。

图书在版编目（CIP）数据

升船机调试/贵州乌江水电开发有限责任公司，杭州国电机械设计研究院有限公司编．—北京：中国电力出版社，2022.11

ISBN 978－7－5198－7248－9

Ⅰ.①升…　Ⅱ.①贵…②杭…　Ⅲ.①升船机－调整试验　Ⅳ.①U642

中国版本图书馆 CIP 数据核字（2022）第 221389 号

出版发行：中国电力出版社
地　　址：北京市东城区北京站西街 19 号（邮政编码 100005）
网　　址：http://www.cepp.sgcc.com.cn
责任编辑：刘汝青（010－63412382）　安小丹
责任校对：黄　蓓　王海南
装帧设计：赵姗杉
责任印制：吴　迪

印　　刷：北京盛通印刷股份有限公司
版　　次：2022 年 11 月第一版
印　　次：2022 年 11 月北京第一次印刷
开　　本：787 毫米×1092 毫米　16 开本
印　　张：9
字　　数：158 千字
印　　数：001—500 册
定　　价：90.00 元

本书编委会

主　　编　蒋树文　黄金根

副 主 编　黄　辉　李正平　何光宏

参编人员　向　阳　吴　玮　段　伟　赵　刚
杨宝银　马习耕　湛伟杰　雷辉光
侯　晋　葛维聪　陆永亚　李　倩
温　良　李丽杰　王曾兰　王　敏
孙世威　全志杰　王建青　邓　华
王得宇　耿克普　梁　英　卢明军
田小兵　马要坡

前言

通航建筑物作为内河水运网络的咽喉节点，是世界各国综合运输体系和水资源综合利用的重要基础设施，直接关系我国发展内河航运的国家战略。

升船机作为重要的通航建筑物型式，在解决50m以上枢纽通航方面与船闸相比具有明显的优势。我国中西、西南部地区河流水量及水位随季节变化很大，河势狭窄，水利枢纽多为高坝，升船机的应用前景十分广阔。

目前仅我国正在建设或正在规划建设的升船机（如乌江构皮滩、右江百色、红水河龙滩、乌江思林与沙沱复线、红水河岩滩等）就有10余座，除岩滩外，其余均为钢丝绳卷扬提升垂直式升船机类型，代表着今后升船机的建设方向。因此本书将钢丝绳卷扬提升式垂直升船机（本书如未特意说明，简称“升船机”）作为研究对象，论述其调试技术和方法，其他类型升船机的调试可酌情参照进行。

升船机调试是升船机试运行前的一个关键环节，涉及计算机通信、工业自动化、金属结构、机械、液压等诸多学科技术问题，其技术复杂、工作难度大，而且还担负着在调试过程中配合安装作业，完成升船机设备最终安装的重任。因此，系统研究升船机调试技术和方法具有重要意义。本书针对升船机的特点、设计参数以及现场安装情况，结合思林、沙沱、构皮滩5座升船机的调试经验，重点阐述了钢丝绳卷扬提升式升船机单机调试、分系统调试、联合调试、实船试验、安全性能试验等各阶段的调试项目、调试条件、调试内容与技术要求以及调试步骤与方法。

另外，总结和传承升船机调试方法与技术，解决升船机系统调试难题，为相关技术人员、运行管理人员提供技术借鉴，保障后续国家大中型升船机建设安全也是我们编写本书的初衷。

由于写作水平有限，此书难免存在不足和疏漏之处，敬请批评指正。

目录

第一章

概　述

第一节 通航建筑物

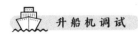

人类为了综合利用水资源，在河流上兴建水利枢纽工程，以达到集中河流落差，改善枢纽上下游航道的航运条件，实现发电、防洪、航运、灌溉、供水、养殖、旅游等综合利用的目的。但是，枢纽的修建切断了河流的天然航运通道。因此，为保障河流航运通道的畅通，在兴建水利枢纽工程的同时，需要兴建符合航运要求的通航建筑物，以使河流中航行的船舶能够克服水位集中落差，安全、快捷地在上游与下游之间畅行无阻。由此可见，通航建筑物在水资源综合利用枢纽工程中，起着保持河流上、下游航运连续通畅的关键作用，是枢纽的重要组成部分，其建设具有重大的社会效益和经济效益。

通航建筑物是指用于克服集中水位落差或地形障碍，使船舶（船队或排筏）安全顺利过坝而建筑的过船水工设施。它主要分为船闸和升船机两大类。

船闸是利用厢形闸室水位变化以升降船舶的水运工程建筑物。船闸具有容纳船队的较大闸室，在中、低水头下有较大的通过能力，可适应各种尺度的船队过闸，因此得到了广泛的应用。

升船机是利用水力或机械的传动升降船舶的另一种通航建筑物，被誉为“船的电梯”。升船机的主要优点为：节水防咸，甚至不耗水；运行速度快；提升高度受技术条件的限制少；投资随水头的增大具有经济指标优势。国际公认当水头在 70m 以上时，建造升船机是合理的；水头在 40～70m 之间，应进行升船机与船闸的技术经济方案比较[1]；而当水头在 40m 以下时，船闸通常比升船机优越。

我国中西、西南部地区河流水量及水位随季节变化很大，河势狭窄，水利枢纽多为高坝，因此升船机的应用前景十分广阔，仅目前我国就有乌江构皮滩、右江百色、红水河龙滩、乌江思林与沙沱复线、红水河岩滩等10 余座升船机正在设计和建设。

第二节 升船机类型

升船机是利用水力或机械的传动升降船舶以克服航道上集中水位落差的一种通航建筑物，按照承船厢运动轨迹分为垂直式升船机、斜面式升船机和旋转式升船机三大类型，按照承船厢是否入水分为全平衡式升船机、入水式升船机两个类型。

一、垂直式升船机

垂直式升船机一般根据承船厢驱动动力形式进行分类，主要分为钢丝绳卷扬提升式、齿轮齿条爬升式、浮筒式、水力式、液压提升式。

（一）钢丝绳卷扬提升式垂直升船机

钢丝绳卷扬提升式垂直升船机利用卷扬机作为提升设备，卷扬机由电动机、大扭矩减速器及卷筒等组成。卷筒上绕有提升钢丝绳，提升钢丝绳一端与承船厢相连，另一端与平衡重相连，当电动机带动卷筒旋转时，便可带动承船厢升降。此类升船机根据平衡重总重与承船厢总重（含水体）是否相等，又可分为全平衡式（完成平衡）和入水式（部分平衡）。

全平衡式升船机的平衡重总重与承船厢总重（含水体）相等，电动机功率较小，实现控制较简单，但不能适应下游水位快速变化，承船厢与下游引航道对接困难。这种型式的升船机在我国比较多见，闽江水口、清江隔河岩、清江高坝洲、乌江彭水、乌江思林、乌江沙沱、嘉陵江亭子口、乌江构皮滩等多座升船机采用此类类型。

入水式升船机的平衡重总重小于承船厢总重（含水体），具有适应下游水位变幅大、变率快的优点，但电动机需要克服载荷大，导致机械提升系统及电动机布置较复杂。红水河岩滩与乌江构皮滩第一、三级升船机均采用此种类型。

（二）齿轮齿条爬升式垂直升船机

所谓齿轮齿条爬升，就是利用对称安装在承船厢两侧的齿轮与安装在承船厢室两侧塔柱壁上的齿条相互啮合，电动机经减速箱带动齿轮旋转，通过齿轮和齿条的啮合作用带动承船厢升降。安全装置采用螺旋锁定装置，就是利用对称安装的旋转螺母与保安螺杆相旋合。当承船厢因漏水产生较大的不平衡力时，驱动装置停止运转，由于螺旋自锁作用，承船厢被锁定在保安螺杆上。齿轮齿条爬升式垂直升船机被认为是比较安全的升船机型式，德国尼德芬诺、中国长江三峡与金沙江向家坝就是采用这种型式。

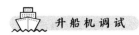

齿轮齿条爬升式垂直升船机也有自身缺陷，如主要设备的制造、安装难度大，塔柱的施工精度要求高，塔柱结构变形对升船机正常运行有直接影响，影响驱动机构和安全机构正常运行的因素复杂等。

（三）浮筒式垂直升船机

浮筒式垂直升船机是利用浮筒从水中获得浮力来抵消承船厢的重力，而不是平衡重块的重力。所以，无须设置数量众多的钢丝绳、滑轮、卷筒及平衡重块。浮筒式垂直升船机采用螺母螺杆装置，既可作为提升装置又可作为安全装置。升船机的浮筒置于竖井中，竖井顶部设有井盖，安装在浮筒顶部的支架穿过井盖上预留的孔洞与承船厢底部实现铰接。浮筒分上、下两个隔离仓并充有压缩空气，在浮筒的下隔离仓中设一个下端敞开的平衡仓，当浮筒下沉时，平衡仓内的空气被水压缩。浮筒上升时水压减小，平衡仓内的空气便膨胀，抵消因支架露出或淹没于水中产生的浮力变化。

浮筒式垂直升船机只适用于升程不高的升船工程，因为增大升程需在下游河床修建很深的竖井，受地质条件约束，会给工程带来许多麻烦。这种型式升船机目前应用较少，只有德国 1899 年建成的亨利兴堡老升船机，1938 年建成的罗田西升船机，1962 年建成的亨利兴堡新升船机。

（四）水力式垂直升船机

水力式垂直升船机不同于传统升船机用平衡重力或浮筒浮力来平衡承船厢及厢内水体重力，另外设置提升机构来驱动升降。它将平衡重和提升机构融为一体，利用水能作为提升动力和安全保障措施，通过输水管道对竖井充泄水，进而控制竖井中浮筒淹没深度，浮筒所受浮力随之变化，从而带动承船厢升降运行。

水力式垂直升船机是一种新型的升船机，它简化机械提升设备和运行控制，能适应下游水位快速变化，对接灵活简便；提升重量不受限制，适合大水域承船厢。但是，水力式垂直升船机以牺牲具有高位势能的水为代价，影响枢纽发电量，并难协调通航、发电与水位调节的需求，发展受到一定影响，国内水力式垂直升船机只有 2016 年建成的澜沧江景洪升船机。

（五）液压提升式垂直升船机

液压提升式垂直升船机采用多组液压缸同步驱动承船厢进行升降，与上、下游对接灵活，控制安全可靠，建设成本低，多应用于水头在 3～10m、提升力在 500～1500t、船舶吨位在 200t 以下的旅游景区内。我国已建成桂林、杭州、池州、盘锦等 5 座液压提升式垂直升船机。正在设计和建设的有宣城、成都等升船机。

二、斜面式升船机

斜面式升船机的承船厢沿斜坡轨道上下运行，有纵向斜面式和横向斜面式两种。纵向斜面式升船机在升降过程中，船体纵轴线与斜坡道方向一致。横向斜面式升船机在升降过程中，船体纵轴线垂直于斜坡道方向。如果上、下游斜坡道不能成直线布置，可在坝顶设置转盘，待船舶过坝时，用以调换不同的运行斜坡道。

斜面式升船机主要受地势、技术所约束，通航船舶吨位小，通航效率低下，目前基本不再建设。

三、旋转式升船机

旋转式升船机由一对对称旋转吊臂、一根中轴等组成，一对吊臂末端环形槽内悬持有封闭的承船厢，承船厢在吊臂环形槽内完成旋转，并能始终保持水平状态。船舶进入吊臂中封闭的承船厢，旋转半周与上、下游河道对接。此类升船机只适用于上、下游水位落差不大且上、下游水位变幅几乎恒定的特定条件下，1963 年苏格兰建造的福尔柯克轮旋转式升船机，2001 年正式投运，也是目前唯一一座旋转式升船机。

第三节 升船机发展概况

一、国外升船机发展概况

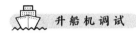

机械化升船机最早于1788年在英国凯特里建造，为斜面干运式升船机，此后在法国、德国、比利时等西欧国家也相继建成，至今有200多年的发展史[2]。

18～19世纪建造的升船机因受限于当时的技术水平，其提升高度和过船规模都很小，提升高度大多在15m以下，个别的达到30m；船舶吨位一般在100t以下，个别的达到300t。这一时期的升船机型式已经开始向多样化发展，而且广泛地运用平衡系统，以减少提升功率。如1838年在泰晤士河与塞文河之间修建了垂直升船机，1875年在韦佛—春特—墨西哥运河上建造了安德腾水压式升船机。1888年，法国在北部诺佛塞运河上建造了丰提乃特（Fontinettes）水压式升船机，船舶吨位已达300t。1899年，德国在多特蒙特—埃姆斯运河上建造了亨利兴堡较大型的五浮筒垂直升船机，承船厢尺寸达到68m×8.6m×2.5m，五浮筒的提升力达到3100t。

进入20世纪，尤其是近几十年来，随着建筑结构、机械制造、电力及计算机控制系统技术的飞速发展，各国相继建成了不少大型垂直升船机，升船机的规模越来越大，技术越来越先进，使升船机建设进入了一个新阶段。

在德国，1934年首先建成尼德芬诺（Niederfinow）[3]平衡重式升船机，标志着升船机的发展和建设达到一个新的阶段和水平；1962年建成的亨利兴堡（Henrichenburg）[3]双浮筒式垂直升船机，是世界上浮筒式升船机的一个好典型；1974年建成的吕内堡升船机[3]，则以其巨大的规模、先进的技术在20世纪70年代的平衡重式垂直升船机中首屈一指。其中，尼德芬诺升船机为全平衡齿轮齿条爬升、长螺母柱短螺杆保安式垂直升船机，最大提升高度为37m，提升速度为6.0m/min，一次可以通过一条1000t级船舶；承船厢有效长度 85m，宽 12m，水深 2.5m，承船厢加水总重 4290t，由同等重量的平衡重完全平衡；平衡重与承船厢由 256 根直径为 52mm 的钢丝绳通过设于钢结构塔楼顶部直径为 3.6m 的双绳槽滑轮相连，当升船机升降运行时钢丝绳自重的变化由设置的平衡链进行补偿。吕内堡升船机为全平衡重式齿轮齿条爬升、短螺母长螺杆保安式垂直升船机，最大提升高度 38m，提升速度为 12.0m/min，一次可以通过一条 1350t 级船舶；承船厢有效水域尺寸为 100m×12m×3.5m（长×宽×水深），承船厢加水体总重 5700t，由同等重量的平衡重完全平衡；平衡重与承船厢托架由 240 根直径为 54mm 的钢丝绳通过设于塔楼顶部的滑轮相连。

在法国，除了 1967 年在马恩—莱茵运河上修建了阿尔兹维累[4]横向斜面升船机外，还于 1972 年在加龙支运河上的蒙特施建造了世界上第一座水坡式升船机[5]。

在苏联，20 世纪 80 年代初修建的克拉斯诺雅尔斯克纵向斜面升船机是苏联水电工程取得的重大成就之一。

在比利时，利用 4 座新船闸和建造 1 座能克服 67.55m 水头的隆库尔纵向斜面升船机，使沙勒罗瓦—布鲁塞尔运河的改建收到了显著的效果：运河上的船闸总数由 38 座减少到 10 座，船只通过运河的时间由 38h 减少到 14h。目前比利时建成了世界上最大的双线钢丝绳卷扬提升式垂直升船机——斯特勒比升船机，该升船机 2001 年建成投入运行，最大提升高度 73.8m，承船厢有效尺寸 112m×12m×3.75m，提升速度为 12.0m/min，一次可以通过一条 1350t 级船舶。承船厢有效水域尺寸为 112m×12m×(3.5～4.3)m（长×宽×水深），承船厢加水体总重 7500～8000t。重力平衡重为 6400t，由 114 根钢丝绳通过缠绕卷筒与承船厢相连，转矩平衡重为 1600t，由 32 钢丝绳通过缠绕卷筒与承船厢相连，每根钢丝绳直径为 84mm。

在英国，建成了世界上第一台旋转升船机[6]，2001 年底投入运行。该升船机建在苏格兰的福尔基克城，通过旋转升船机可把船在两条水平面不同的运河中，由一条运河传送到另一条运河，从而使北海和大西洋通过运河形成了一个通道。每次传送时，船只驶进和驶出升船机需要 15min，升船机旋转一次费时 8min。

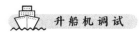

国外主要升船机建设情况如表1-1所示。

表1-1　　　　国外主要升船机建设情况

序号	国名	地点	升船机型式	提升高度（m）	最大过船吨级	建成年份
1	英国	安德顿	平衡重式垂直	15.4	100	1875年
2	美国	格罗格唐	平衡重纵向斜面，坡度1：12，湿运	11.6	135	1876年
3	法国	丰提乃特	双联水压式垂直，湿运	13.1	300	1888年
4	比利时	卢维尔	双联水压式垂直，湿运	15.4	360	1888年
5	德国	亨利兴堡	浮筒式垂直，湿运	16	800	1899年
6	加拿大	彼得保罗	双联水压式垂直，湿运	19.8	800	1904年
7	加拿大	克尔克菲尔德	双联水压式垂直，湿运	14.8	800	1907年
8	比利时	中央运河	三座双联水压式垂直，湿运	16.9	360	1917年
9	德国	尼德芬诺	平衡重式垂直，湿运	36	1000	1934年
10	德国	罗田西	浮筒式垂直，湿运	18.7	1000	1938年
11	德国	亨利兴堡	浮筒式垂直，湿运	13.7	1350	1962年
12	比利时	隆库尔	纵向斜面，坡度1：20， 湿运（双线平衡重）	67.5	1350	1967年
13	苏联	克拉斯诺 雅尔斯克	纵向斜面，坡度1：20， 湿运（自行式下水）	101	1350	1968年
14	法国	阿尔兹维累	横向斜面，坡度1：25，湿运	44.5	350	1970年
15	法国	蒙特施	水坡，坡度1：33	14.3	350	1973年
16	德国	吕内堡	双线平衡重垂直，湿运（齿轮爬升）	38	350	1974年
17	法国	英塞兰尼斯	水坡，坡度1：20	13.6	350	1983年
18	比利时	斯特勒比	双线平衡重垂直，湿运 （钢丝绳提升）	73	1350	2001年

国外典型升船机示例如图1-1所示。

图1-1 国外典型升船机

(a) 德国尼德芬诺齿轮齿条爬升式升船机；(b) 苏联克拉斯诺雅尔斯克斜面升船机
(c) 苏格兰福尔柯克轮旋转升船机；(d) 比利时斯特勒比钢丝绳卷扬提升式垂直升船机
(e) 法国阿尔兹维累横向斜面升船机；(f) 比利时隆库尔纵向斜面升船机

二、 国内升船机发展概况

我国升船机的建设起步较晚，规模较小。20世纪50年代才开始升船机的设计研究工作，直至20世纪80年代共建成升船机约63座[7]，几乎都是运载船舶为50t以下的小型干运斜面升船机。1966年在安徽寿县才建成我国第一座湿运纵向斜面升船机，仅能运载 30t 的小型船舶；1973 年湖北丹江口建成了上游为垂直移动式和下游为斜面下水式的两级联运升船机，最大可干运通过 150t 驳船，为当时规模最大的升船机；1982 年安徽龙湾修建了我国第一座小型水坡升船机，为我国水坡升船机的雏形；1989 年 10 月江苏沭阳水坡升船机投入运行，设计最大运载船舶 60t。这些升船机中绝大多数设备简陋，没有专门安全保障设施，安全性差；采用船舶干运方式，提升重量小；没有平衡系统，运转功率大，费用高；加之设计布置、安装施工存在的缺陷以及管理水平的落后，因此，当时已建升船机与国外升船机的差距较大。

20 世纪 80 年代起，我国展开近代升船机的研究及建设，至今已先后建成红水河岩滩、闽江水口、清江隔河岩、清江高坝洲、乌江彭水、澜沧江景洪、长江三峡、乌江思林、乌江沙沱、嘉陵江亭子口、金沙江向家坝、乌江构皮滩等多座升船机，并有多座升船机正在建设或设计中。

广西岩滩水电站升船机[8,9]于 1999 年建成，2000 年通过国家竣工验收，机型为钢丝绳卷扬提升、部分平衡、承船厢下水型式。设计最大通航船舶 250t 铁驳，承船厢有效尺寸为 40m×10.8m×1.8m（长×宽×水深），最大提升高度 68.5m，空中升降速度为 11.4m/min，水中升降速度为 1.8m/min，承船厢加水体总重为 1430t。重力平衡重 4 组共 260t，由 16 根 ϕ52mm 的钢丝绳通过塔楼顶部的导向滑轮与承船厢相连；转矩平衡重 8 组共 840t，由 48 根 ϕ52mm 的钢丝绳通过缠绕卷筒与承船厢相连。

福建水口水电站升船机[10]布置在枢纽右岸，机型为钢丝绳卷扬提升、全平衡、承船厢不下水型式。设计最大通航船舶为 2×500t 级一顶二驳船队，承船厢有效水域尺寸为 114m×12m×2.5m（长×宽×水深），最大提升高度 59m，额定升降速度为 12.0m/min，承船厢加水体总重为 5500t，由重力平衡重、转矩平衡重、可控平衡重完全平衡。其中，重力平衡重 4420t，共设 12 组，每组 16 根钢丝绳悬挂 16 串平衡重块，并组成一个围框；转矩平衡重 680t，设 8 组，每组 4 根钢丝绳悬挂 4 串平衡重块，并组成一个围框；可控平衡重 400t，共 4 组，设在机房上、下游两端，每组 4 串平衡重块。承船厢由 248 根 ϕ52mm 的钢丝绳悬吊，其中，提升绳 40 根，重力绳 192 根，可控绳 16 根，提升绳通过液压平衡系统与承船厢相连，可控绳通过平衡梁与承船厢相连。

湖北清江隔河岩水电站总体布置为两级升船机，机型为钢丝绳卷扬提升、全平衡、承船厢不下水型式。两级之间由中间渠连接，第一级提升高度42m，提升速度为7.5m/min，第二级提升高度82.0m，提升速度为15.0m/min，一次可以通过一条300t级船舶。承船厢有效水域尺寸为42m×10.2m×1.7m（长×宽×水深），承船厢加水体总重为1374t，由平衡重完全平衡，其中，重力平衡重1024t，转矩平衡重350t，由56根ϕ52mm的钢丝绳悬挂，其中，提升绳16根，重力绳40根，提升绳通过液压平衡系统与承船厢相连。

湖北清江高坝洲水电站升船机机型为钢丝绳卷扬提升、全平衡、承船厢不下水型式，设计最大通过船舶吨位为300t，最大提升高度为40.3m，提升速度为12.0m/min。

长江三峡升船机[11]为全平衡重式齿轮齿条爬升、螺母螺杆保安式垂直升船机，一次可通过一条3000t的船舶，承船厢有效水域尺寸为120m×18m×3.5m（长×宽×水深），最大提升高度为113m。

乌江构皮滩三级升船机[12]最高通航水头199m，设计代表船型为500t级机动驳，承船厢有效水域尺寸为59m×12m×2.5m（长×宽×水深），规划过坝运量单向125万t/年（下行）。第一级升船机布置在上游水库内，采用承船厢上游入水式，最大提升高度为47m，用于适应枢纽上游590～630m的通航水位变幅，下游与第一级中间渠道连接；第二级升船机布置在两级中间渠道之间，采用全平衡式，提升高度为127m，用于克服两级渠道之间的水位差，提升高度居世界之最；第三级升船机布置在第二级中间渠道末端与下游航道之间，采用承船厢下游入水式，最大提升高度为79m，用于克服第二级中间渠道与下游最低通航水位之间的水位差。第一、三级升船机为世界上规模最大的入水式钢丝绳卷扬垂直升船机。

以上升船机的建成运行，标志着我国升船机的建设水平已跃居世界前列。

国内主要升船机建设情况如表1-2所示。

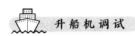

表 1-2　　国内主要升船机建设情况

序号	工程名称	地点	升船机型式	提升高度（m）	最大过船吨级	建成年份
1	丹江口	湖北	移动卷扬提升式垂直升船机	45	150	1973 年
2	丹江口	湖北	斜面升船机	41	150	1973 年
3	岩滩	广西	钢丝绳卷扬提升式垂直升船机	68.5	250	2000 年
4	水口	福建	钢丝绳卷扬提升式垂直升船机	59	2×500	2003 年
5	高坝洲	湖北	钢丝绳卷扬提升式垂直升船机	40.3	300	2003 年
6	隔河岩	湖北	钢丝绳卷扬提升式垂直升船机	40	300	2008 年
7	彭水	重庆	钢丝绳卷扬提升式垂直升船机	66.6	500	2010 年
8	景洪	云南	水力式垂直升船机	66.86	500	2016 年
9	三峡	湖北	齿轮齿条爬升式垂直升船机	113	3000	2016 年
10	思林	贵州	钢丝绳卷扬提升式垂直升船机	76.7	500	2016 年
11	沙沱	贵州	钢丝绳卷扬提升式垂直升船机	75.38	500	2016 年
12	亭子口	四川	钢丝绳卷扬提升式垂直升船机	85.4	2×500	2019 年
13	构皮滩	贵州	钢丝绳卷扬提升式垂直升船机	47、127、79	500	2021 年

国内典型升船机示例如图 1-2 所示。

(a)

(b)

图 1-2　国内典型升船机（一）

（a）高坝洲钢丝绳卷扬式升船机；（b）水口钢丝绳卷扬式升船机

图 1-2　国内典型升船机（二）

（c）三峡齿轮齿条爬升式升船机；（d）思林钢丝绳卷扬式升船机；
（e）岩滩钢丝绳卷扬式升船机；（f）向家坝齿轮齿条爬升式升船机

第二章

钢丝绳卷扬提升式垂直升船机

第一节　主要技术指标

钢丝绳卷扬提升式垂直升船机主要技术指标有自然条件、上下游特征水位以及通航条件等。

1. 自然条件

（1）气温。升船机所处纬度，所属气候区，多年平均气温，月最高平均气温，月最低平均气温，极端最高气温，极端最低气温等。

（2）气压。升船机所处海拔，所属地年平均气压、最高气压、最低气压等。

（3）湿度。升船机所属地年平均相对湿度。

（4）风况。升船机所属地各月平均风速、风向，历年最大风速及对应时间等。

（5）地震。升船机所在地地震基本烈度。

2. 特征水位

（1）上游最高通航水位。

（2）上游最低通航水位。

（3）上游最高设计洪水位（$P=5\%$）。

（4）下游最高通航水位。

（5）下游最低通航水位。

（6）下游最高设计洪水位（$P=5\%$）。

3. 通航条件

（1）通航规模。

（2）设计代表船型尺度。

（3）承船厢有效水域尺度。

（4）通航时间。

（5）通航净空。

（6）通航净宽。

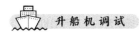

第二节 总体布置与设备组成

一、 总体布置

钢丝绳卷扬提升式垂直升船机主要由上闸首设备、主提升系统、承船厢、平衡重系统、承船厢室设备、下闸首设备、对接装置、电气控制系统、通航信号与广播系统、图像监控系统、消防设备、安装检修起吊设备以及上游引航道、塔柱、下游引航道等组成[13]。承船厢与厢内水体的重量，由多根钢丝绳悬吊的平衡重块完全平衡或部分平衡，承船厢的升降通过多套卷扬提升机构（一般是 4 套或 8 套对称布置）的正、反向运转实现，卷扬提升机构通过刚性同步轴系统连接。每套卷扬机构上均设有工作制动器和安全制动器，在正常停机状态下对卷扬机构实施安全锁定，或在事故状态对卷扬机构实施紧急制动。

钢丝绳卷扬提升式全平衡垂直升船机总体布置如图 2-1 所示。

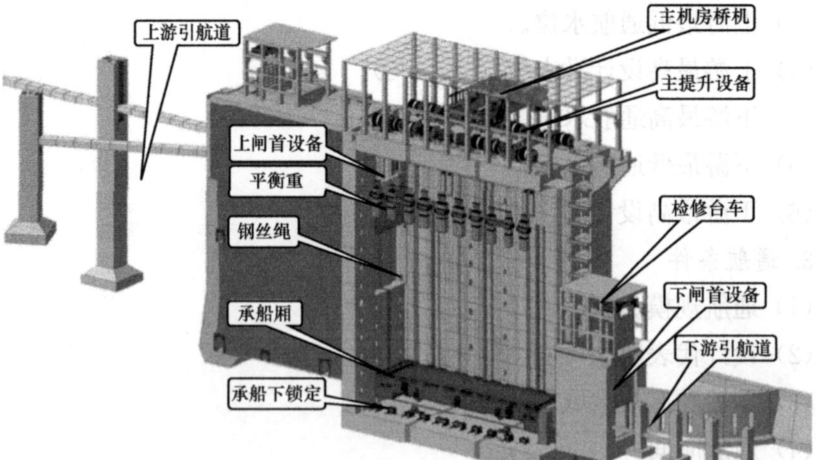

图 2-1 钢丝绳卷扬提升式全平衡垂直升船机总体布置示意图

钢丝绳卷扬提升入水式垂直升船机的设备布置及结构型式与全平衡钢丝绳卷扬提升式垂直升船机总体布置基本相同。为适应引航道较大的水位变幅和较快的水位变率，承船厢直接入水平压对接，减少一侧闸首设备以及对接装置布置，简化了升船机运行流程。但是，为了克服承船厢入水后产生的浮力，必须减少平衡重重量，采用部分平衡的方式，从而要大大增加主提升系统的驱动功率。钢丝绳卷扬提升入水式垂直升船机总体布置如图 2-2 所示。

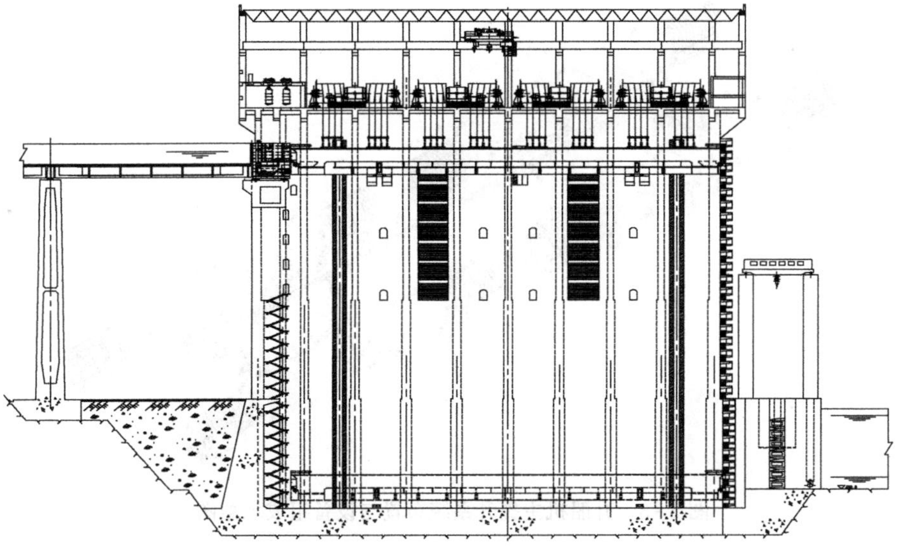

图 2-2　钢丝绳卷扬提升入水式垂直升船机总体布置示意图

二、主提升系统

主提升系统作为升船机的关键设备，是升船机的动力输出机构，担负着驱动承船厢上、下运行的职能。同时，将悬吊系统的重量传递到塔柱结构上。

主提升系统对称布置于升船机塔柱顶部的主机房内，其纵、横中心线与承船厢中心线重合。主提升系统一般由卷扬提升机构、同步轴系统、安全制动系统、平衡滑轮组、平衡卷筒组、稀油润滑站、干油润滑站、检修平台等组成。入水式升船机主提升系统一般不设置平衡滑轮组、平衡卷筒组。

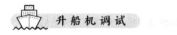

主提升系统设备布置与组成如图 2-3 所示。

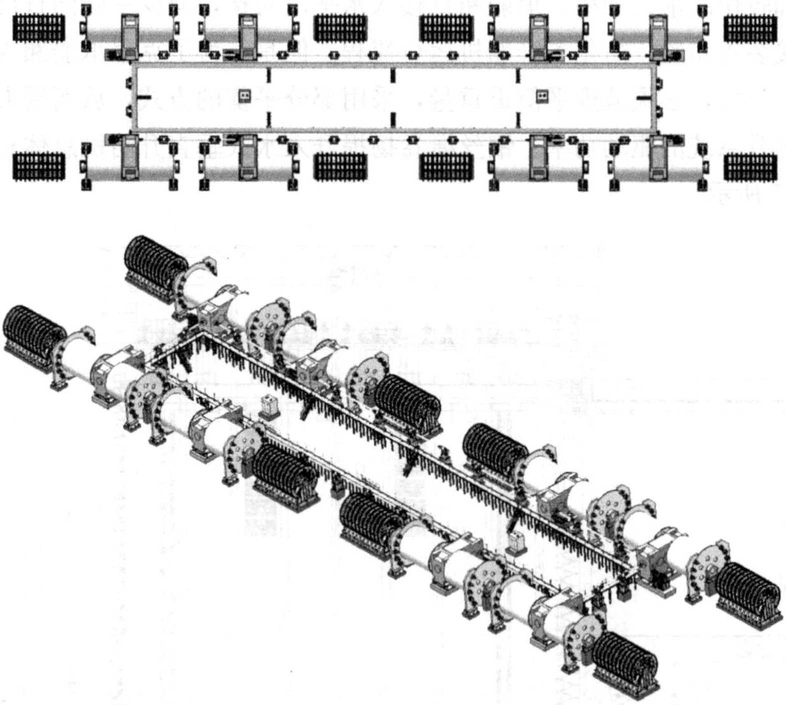

图 2-3　升船机主提升系统布置与设备组成示意图

1. 卷扬提升机构

每套卷扬提升机构分别由一台交流变频电动机驱动。电动机的动力经浮动轴组件（含联轴器）、减速器驱动减速器两侧的提升卷筒组转动，卷放钢丝绳实现承船厢的升降。卷扬提升机构主要由交流变频电动机、减速器、卷筒组、轴承座等组成。

(1) 减速器。减速器为全封闭式，减速器的输入轴与驱动电动机连接。减速器有两级输出端，分别于卷筒和同步轴系统连接。与卷筒连接的输出轴两端位于箱体上，通过鼓形齿联轴器与卷筒轴端连接；与刚性同步轴连接的输出轴位于高速段，直接或利用锥齿轮副转向通过联轴器将输出轴与同步轴系统连接。减速器内的轴承、齿轮副及联轴器由独立的稀油润滑站强制润滑，卷筒、滑轮及同步轴系统的全部滚动轴承由多套干油润滑站集中润滑。

（2）卷筒组。卷筒组通过缠绕钢丝绳的两端，将承船厢与平衡重连接，建立升船机平衡状态。卷筒组主要由卷筒体、卷筒轴及轴承、花键、制动盘、轴承座、钢丝绳压板及连接件等组成。卷筒采用焊接结构、带绳槽的筒体，卷筒轮毂与卷筒轴间通过花键连接，以传递扭矩。卷筒轴的一端支撑在独立支架的轴承座上，另一端支承在减速器的箱体上，并通过联轴器与减速器输出轴相连。卷筒轮辐通过剪力套及螺栓与制动盘连接。

2. 同步轴系统

卷扬提升机构通过同步轴系统形成封闭矩形结构。同步轴系统由同步轴段、鼓形齿联轴节、扭矩传感器、胀紧套联轴器、轴承座及减速器中的相关齿轮副等部件组成。同步轴系统能适应塔柱在水平面两个方向的一定水平变位，通过胀紧套消除传动系统间隙，并避免系统安装时的预紧力。

3. 安全制动系统

安全制动系统由设在每台电机出轴处的工作制动器、设在卷筒端部的安全制动器和事故制动器及液压油泵站、管路系统、检测元件、电气控制设备等组成。制动器由液压泵站操作，液压泵站通过管路与制动器连接。

安全制动器和工作制动器均为常闭液压盘式制动器，通过蝶形弹簧上闸、液压松闸，承船厢升降期间制动器处于松闸，其他时间制动器均处于上闸制动器状态。事故制动器采用常开式，通过液压上闸、蝶形弹簧松闸，在发生承船厢大量漏水事故时，制动器上闸制动，其余时间制动器处于松闸状态。

4. 平衡滑轮组

作为主提升系统重要组成部分的平衡滑轮组，是重力平衡重的重要承载部件，用于支承和改变钢丝绳的方向，以平衡承船厢及水体的部分重量。平衡滑轮组采用单槽或双槽滑轮，各片滑轮采用相互独立的转动轴，滑轮与转动轴间通过紧配合连接，各转轴以滚动轴承支承，所有轴承座均安装在同一支架上。滑轮采用轧焊结构或双辐板轧制结构。

5. 平衡卷筒组

升船机实际运行中，承船厢无法保持绝对水平，承船厢及设备的重量分布不可能完全均匀。一旦发生失水，偏载使承船厢在失水量远未达到设定值时引发瞬间倾覆。平衡卷筒组的设置是为了提高承船厢的抗倾覆能力，根据承船厢所需的抗倾覆能力，在卷筒组上布置足够的安全制动器。

平衡卷筒组都是由卷筒组、卷筒轴、制动盘、轴承座、钢丝绳压板及连接件等组成。卷筒采用整体焊接、带绳槽的筒体。卷筒轴两端均支承在轴承座上。卷筒轮辐通过剪力套及螺栓与制动盘连接。

三、承船厢

承船厢是升船机的承载船舶关键部件，装设在由上、下闸首及塔柱构成的承船厢室内。承船厢通过钢丝绳悬吊，由主提升系统驱动，沿设在塔柱上的4条导轨升降运行，运载船舶过坝。承船厢为钢质槽型薄壁结构，两端分别设一扇工作闸门，闸门处于关闭状态时，承船厢内形成封闭水域，为通航船舶提供湿运过坝条件。当承船厢与闸首对接，开启闸门，厢内水域与航道水域连通，船舶进出承船厢；关闭闸门，解除对接，承船厢可自由升降。

承船厢由厢体结构和承船厢设备组成。厢体结构包括主体结构和附属结构，承船厢设备包括各种功能的机械设备、电气控制和检测设备等。

厢体结构包括：承船厢厢体、护舷、系缆装置、工作门门槽、防撞装置导向槽、交通通道及栏杆、锁定结构、电控设备室、液压设备机房、导向机构支座、对接锁定机构支座和顶紧机构支座等。

承船厢设备包括：承船厢工作门及启闭机、防撞装置、夹紧装置、顶紧装置、导向装置、液压调平装置、液压系统、承船厢控制站、照明、承船厢通风除湿设备等。

承船厢主体设备布置与组成如图2-4所示。

1. 承船厢结构

承船厢结构主要由主纵梁、底铺板、次纵梁、单腹板横梁、箱型横梁、小纵梁、设备支承结构等构件构成。两主纵梁的内腹板与底铺板及承船厢门构成承船厢的盛水结构。承船厢头设有工作门及检修门门龛、防撞梁导向槽、U形密封面和机舱结构。承船厢上的夹紧、顶紧、导向、消防等设备安装在相应的机架上，机架与承船厢结构焊接为整体。承船厢吊耳板采用加厚板材，并与主纵梁外腹板对接拼焊。承船厢上、下锁定利用主横梁

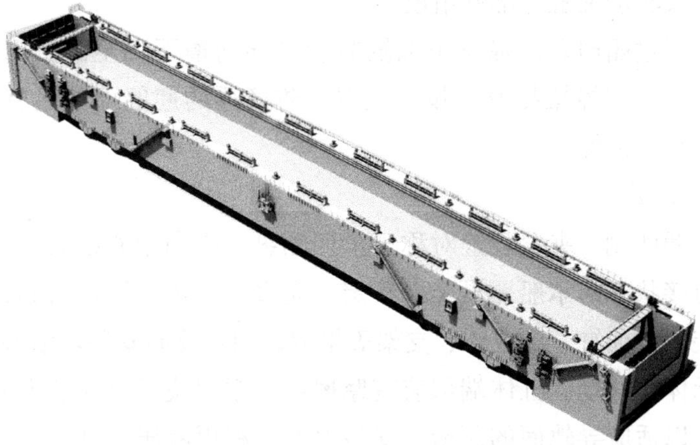

图 2-4　承船厢主体设备布置与组成示意图

结构，采用全高箱型梁，与承船厢结构成为整体。承船厢内侧沿高度设置钢护舷，护舷与主纵梁内腹板焊接。

2. 承船厢工作门及启闭机

承船厢工作门布置在承船厢的两端，与承船厢结构共同构成盛水结构，形成通航的湿运条件。承船厢工作门为露顶式卧倒平板门，挡水面板、止水及支承布置在外侧，两个支铰设在门的下部，启闭时闸门绕支铰轴转动；开启后承船厢门卧倒与穿线头部的门龛内，闸门面板与承船厢底铺板齐平；关闭后闸门门顶与主纵梁的上翼缘齐平，门顶可作为承船厢两侧的交通通道。

承船厢工作门启闭机布置在承船厢两头的机舱内，由液压油缸驱动卧倒门工作门的支铰轴转动，进而实现闸门的启、闭。启闭机由闸门支铰轴及轴承座、联轴器、曲柄轴及轴承座、曲柄、密封装置、液压油缸等组成。启闭机通过曲臂、支铰轴将驱动力矩传递到卧倒工作门上。

承船厢工作门启闭机也可布置在闸门两侧，其活塞杆吊头通过关节轴承与工作门主梁上的悬臂轴连接，缸体尾部通过关节轴承与装设在承船厢主纵梁上的支座连接。

3. 防撞装置

防撞装置布置在承船厢两端工作门的内侧，用于阻挡失速的船只撞击承船厢工作门。防撞装置包括钢结构防撞梁和驱动装置。驱动装置由滑轮组、钢丝绳及驱动油缸等部件组成。

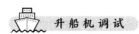

下行船只过船时，防撞梁由油缸驱动沿导向槽下降至卧倒门门龛内，卧倒门关闭后，防撞梁提升至设定位置。防撞梁的迎船面装设有橡胶块，避免与船只直接碰撞。

4. 夹紧装置

在承船厢两侧，夹紧装置对称于承船厢纵、横向中心线布置，其主要作用是将对接状态的承船厢沿竖向锁定，克服厢内水体波动引起的纵倾力矩。夹紧装置由油缸、到成体、支架等组成。油缸反向安装，活塞杆固定、缸体在导承体内移动。缸体端部装有摩擦块，摩擦块可沿任意方向在小角度内偏摆，以适应导轨面的制造、安装误差。利用液压油缸夹紧埋设在塔柱上的轨道所产生的静摩擦力，将承船厢沿程锁定。

5. 顶紧装置

顶紧装置对称布置于承船厢两侧，其主要作用是承受承船厢在对接状态下的水平纵向载荷，并将承船厢沿纵向锁定。

顶紧装置由顶紧块、调整垫板、剪力板、螺栓、支架等组成。承船厢的水平荷载由顶紧块传递至混凝土塔柱埋件上的顶紧轨道，并将其传递至塔柱。

顶紧装置也可是楔形块自锁式，主要由驱动油缸、楔形块、顶紧块、导轨、支架等组成。油缸竖向安装，缸体中部铰支，活塞杆与楔形块连接，推动楔形块在导槽内上下运动，顶紧块在楔形块的驱动下水平运动，同时绕支臂的铰轴摆动。顶紧块靠斜面自锁承受承船厢的水平荷载，并将其传递至塔柱。

6. 导向装置

承船厢导向装置分为纵向导向装置和横向导向装置，纵导向装置布置在上游 2 条夹紧轨道的上、下游，横向导向布置在夹紧轨道的端部。纵、横导向装置的构造完全相同，由导向轮组、蝶形弹簧组、带预紧螺母的导向叉架、导向轮支座、止动盘等部件组成。

7. 液压调平装置

液压调平装置为带机械锁紧的液压油缸，设置在钢丝绳与承船厢连接处，主要用于调平承船厢和均衡承船厢侧每组钢丝绳的张力。液压调平油缸一端与钢丝绳的调节螺母连接，另一端与承船厢吊耳板连接。

升船机正常运转时，调平油缸的油路闭锁，活塞杆锁紧螺母锁紧。当承船厢出现超过允许的水平误差或钢丝绳张力差超过设计值后，将承船厢下放至下锁定位置，由液压系统通过调平油缸将倾斜的承船厢重新调平，同时使各组钢丝绳张力均衡。

8. 对接密封装置

对接密封装置布置在承船厢两端或闸首上，由U形框架结构、止水橡皮、蝶形弹簧箱、油缸及支座、导向滑块等组成。油缸通过蝶形弹簧箱作用于U形框架在U形槽内沿导向滑块运动。U形框架可适应承船厢或闸首变形。

9. 液压系统

布置在承船厢上的工作门启闭机、防撞装置、夹紧装置、顶紧装置、液压调平装置均采用液压系统驱动控制。承船厢液压系统由液压泵站、控制阀组与缸旁阀组、管路系统等设备组成。液压泵站布置在承船厢两端的机舱内或两侧主纵梁上，各执行机构的控制阀组在执行机构旁就近布置。液压泵站与控制阀组以及控制阀组与执行机构间由管路连接。

10. 充泄水系统

充泄水系统布置在承船厢两端或闸首上，由主系统和辅助系统组成。主系统是在承船厢与闸首对接时向船厢与闸首之间由对接密封装置封闭的U形空间充水、在承船厢退出对接前将间隙水抽回承船厢或引航道，以及调节承船厢水深。辅助系统将主系统不能卸掉的承船厢与闸首间的小部分残留水，通过自流的方式卸入承船厢或闸首底部的水箱。在承船厢运行过程中，通过主系统管路，由水泵将其抽回。

主系统由水泵—电动机组、电动蝶阀及管路等设备组成，水泵采用单向泵，通过蝶阀和管路的不同组合，形成可逆水泵。

四、 平衡重系统

平衡重系统的作用是平衡承船厢及其水体的重量，节约主提升系统的驱动功率。平衡重系统由平衡重组、平衡重轨道、平衡链装置、平衡重组上锁定装置、平衡重组下锁定装置、钢丝绳和轨道及埋件等部分组成。平衡重和承船厢通过钢丝绳悬挂在主提升系统的两端。

1. 平衡重

平衡重分别安装在塔柱的平衡重井内。根据作用不同，平衡重分为重力平衡重、转矩平衡重、可控平衡重、安全平衡重，由平衡重块、安全梁、钢丝绳调节装置及附件组成。安全梁保证其中一根钢丝绳断裂，平衡重块落在安全梁上，不会导致平衡重系统失衡。承船厢运行时，平衡重组在平衡重井内沿轨道升降。升船机检修时，视需要将平衡重组由锁定装置在上锁定平台或下锁定平台锁定。

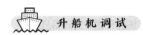

重力平衡重用于平衡承船厢的重量，且承担承船厢大部分的重量；无论升船机处于任何工况，重力平衡重始终作用于承船厢上。转矩平衡重对提升卷筒施加转矩，控制承船厢启停。可控平衡重和安全平衡重用于提高承船厢抗倾覆能力。

2. 钢丝绳

钢丝绳绕过主提升系统的卷筒和滑轮连接承船厢和平衡重，建立升船机的平衡状态。重力平衡绳绕过主机房内的滑轮后，一端通过锥套直接与承船厢吊耳板连接，另一端通过调节螺杆、螺母、锥套与重力平衡重相连；提升钢丝绳一端通过调节螺杆、螺母及液压均衡油缸与承船厢连接，另一端缠绕在提升卷筒上后通过调节螺杆、螺母与转矩平衡重相连，并通过压板固定在卷筒上；安全平衡绳一端通过调节螺杆、螺母及液压调平油缸与承船厢相连，另一端缠绕在安全卷筒上后通过调节螺杆、螺母与安全平衡重或可控平衡重相连，并通过压板固定在卷筒上。

3. 平衡链

悬挂承船厢和平衡重的钢丝绳在滑轮和卷筒两侧的长度和重量，随承船厢的升降而发生变化。平衡链的作用是消除钢丝绳的重量变化对升船机平衡系统的影响，使升船机始终处于平衡状态。平衡链保持升船机在运行过程中的动态平衡。

平衡链只设置于转矩平衡重下方，其一端挂在平衡重的安全梁上，另一端挂在承船厢主纵梁底部的吊耳上，用于平衡钢丝绳在承船厢升降过程中的动态变化。

4. 平衡重锁定装置

平衡重锁定装置是为了便于平衡重检修而在平衡重上、下锁定平台设置的平衡重机械锁定装置，由锁定梁、驱动油缸、液压千斤顶、调整板、电动油泵等组成。升船机运转时，锁定梁置于锁定平台端部；需锁定平衡重时，通过油缸将锁定梁置于平衡重下方，对平衡重进行锁定。

五、闸首设备

升船机闸首设备的功能是阻挡升船机两端的水流，实现承船厢与上、下游水域的连通，形成船舶进出承船厢的条件。闸首设备包括工作门、检修门、闸门启闭机、门槽埋件等。

1. 工作门

工作门布置于航道末端，用于在升船机升降运行时阻挡升船机两侧水体。工作门布置型式由升船机上、下游水位变幅大小决定。

工作门常采用露顶式平面定轮钢闸门型式，适应上、下游的小水位变幅。工作门正常处于关闭挡水状态。船舶进出承船厢期间，工作门处于开启状态；承船厢解除与闸首对接时，工作门关闭。

工作门常采用下沉式平面钢闸门或叠梁门与下沉式平面钢闸门的组合型式，适应上、下游的大水位变幅。下沉式平面钢闸门布置于航道末端，根据航道水位变化调整门位，以满足升船机运行所需水深。工作门全行程密封，对挡水面板的平面度和主梁的刚度要求较高。工作门由U形门体结构、卧倒小门及启闭机、大门正向支承、反向支承、侧向支承、大门锁定机构、卧倒小门支铰、液压系统及电气设备等组成。U形门体结构上部为凹形结构，卧倒小门布置于凹槽中。在挡水条件下，闸首水位的小幅度变化由卧倒小门的富裕高度适应；当卧倒小门不能适应闸首水位变幅时，通过调节工作大门的门位予以适应；当工作大门也不能适应闸首水位变幅时，通过调整叠梁门的门位以适应。在挡水条件下，卧倒门旋转至竖直位；正常通航时，当承船厢与工作大门对接完成后，卧倒小门开启操作旋转至水平位，船舶即可通航。

2. 检修门

检修门主要用于工作门等闸首设备检修时挡水。检修门位于上游闸首工作门的上游侧和下游闸首工作门的下游侧。检修门的布置型式也是由升船机上、下游水位的大小决定的。

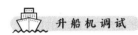

适应小水位变幅的检修门，与工作门的布置型式相同。升船机正常通航时，检修门处于开启锁定待命状态。当工作门出现故障或需要检修时，检修门动水闭门，故障排除或检修完毕后，充水平压启门。

适应大水位变幅的检修门，常采用叠梁门型式。升船机正常通航时，检修门位于门库内。当工作门需要检修时，检修门就位挡水。

3. 闸门启闭机

闸门启闭机的型式由升船机的综合布置情况决定。平面定轮钢闸门常采用固定卷扬式启闭机操作。下沉式平面钢闸门既可采用固定卷扬式启闭机操作，也可采用带液压启闭机操作。检修门采用桥式启闭机带液压自动托梁操作。

六、 电气控制系统

升船机电气控制系统一般由集控站、现地控制站（如主提升控制站、承船厢控制站、上闸首控制站、下闸首控制站等）以及传动装置、配电柜、动力柜及检测元件等组成。集控站、现地控制站与集控室上位监控系统通过光纤工业以太网形成2个光纤通信环网（双环），用于升船机升降及船舶上下行的控制。

七、 承船厢室及检修设备

承船厢室设备包括承船厢上锁定装置、承船厢下锁定装置、顶紧轨道、夹紧轨道等。

承船厢锁定装置是为了便于承船厢检修而在承船厢室上、下锁定平台设置的承船厢机械锁定装置，由锁定梁、驱动油缸、液压千斤顶及其液压泵站、调整垫板、埋件等组成。承船厢需要锁定时，锁定梁退出，承船厢重量通过锁定梁传递至塔柱或底板。

检修起吊设备包括主机房检修桥机、闸首固定卷扬式启闭机的检修桥机等。主机房检修桥机主要用于主提升系统、平衡重系统及电气设备的安装和检修。

八、 辅助系统

升船机辅助系统包括配电系统、消防系统、检修排水系统、图像监控系统等。

1. 配电系统

升船机配电系统通过降压变压器将电压降至400V后供升船机设备使用。供电方式采用双母线分段供电，当一回路母线发生故障或设备检修时，通过备自投装置自动切换至另一回路母线继续运行，保证供电连续性。

升船机负荷分为一级用电负荷和二级用电负荷。一级用电负荷包含上闸首设备、主提升系统、承船厢、下闸首设备、承船厢与闸首对接设备、电气控制与检测设备、计算机监控系统、通航信号与语音广播系统、通信系统、消防设备、电梯、生产照明、升船机检修设备等的负荷；其他为二级负荷。

2. 消防系统

升船机消防系统由集控室消防监控设备、承船厢介质灭火设备、消防水及其管理系统等组成，承担着整个升船机的消防灭火工作，保证升船机的安全运行。或在自动报警系统通过安装在各处的各种探测器，对火灾进行监视和探测，一旦发生火灾，给出声光报警信号，提醒运行人员处理。集中报警控制器设置在升船机集控室，对承船厢、主机房、电缆层和集控楼进行火灾探测，可实现对消防设备进行自动或手动控制。气体灭火系统单独控制保护区内的放气阀门、电源控制模块、声光报警器等。同时，集中控制室实现远程监视、控制气体灭火系统。

3. 检修排水系统

升船机检修排水系统由集水井、深井水泵、水位计和控制系统组成，其主要功能是用于排尽上闸首、下闸首、承船厢及水工建筑物的漏水，检修时，还用于排尽工作门与检修门之间的积水。集水井和深井水泵布设在升船机下闸首，共配置1个承船厢室集水井和左、右2个深水井及深井泵组。

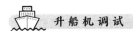

4. 图像监控系统

升船机图像监控系统是一种计算机控制的图像系统，其监控技术来源于广播电视技术。操作人员利用系统控制台可以选取各摄像机，将图像显示在图像监视器上。

第三节　正常运行程序

由于设计机理不一样，设备规模和组成不同，全平衡式垂直升船机和入水式垂直升船机单只船舶正常运行程序[14]有所差异。

一、 全平衡式垂直升船机

1. 正常上行程序

对于全平衡式升船机，单只船舶正常上行程序如图 2-5 所示。

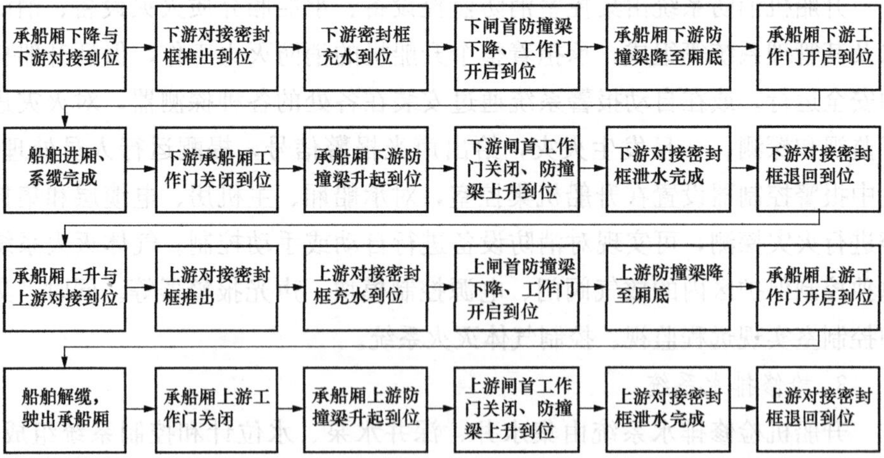

承船厢下降与下游对接到位
下游对接密封框推出到位
下游密封框充水到位
下闸首防撞梁下降、工作门开启到位
承船厢下游防撞梁降至厢底
承船厢下游工作门开启到位
船舶进厢、系缆完成
下游承船厢工作门关闭到位
承船厢下游防撞梁升起到位
下游闸首工作门关闭、防撞梁上升到位
下游对接密封框泄水完成
下游对接密封框退回到位
承船厢上升与上游对接到位
上游对接密封框推出
上游对接密封框充水到位
上闸首防撞梁下降、工作门开启到位
上游防撞梁降至厢底
承船厢上游工作门开启到位
船舶解缆，驶出承船厢
承船厢上游工作门关闭
承船厢上游防撞梁升起到位
上游闸首工作门关闭、防撞梁上升到位
上游对接密封框泄水完成
上游对接密封框退回到位

图 2-5　全平衡式升船机单只船舶正常上行程序

2. 正常下行程序

对于全平衡式升船机，单只船舶正常下行程序如图 2-6 所示。

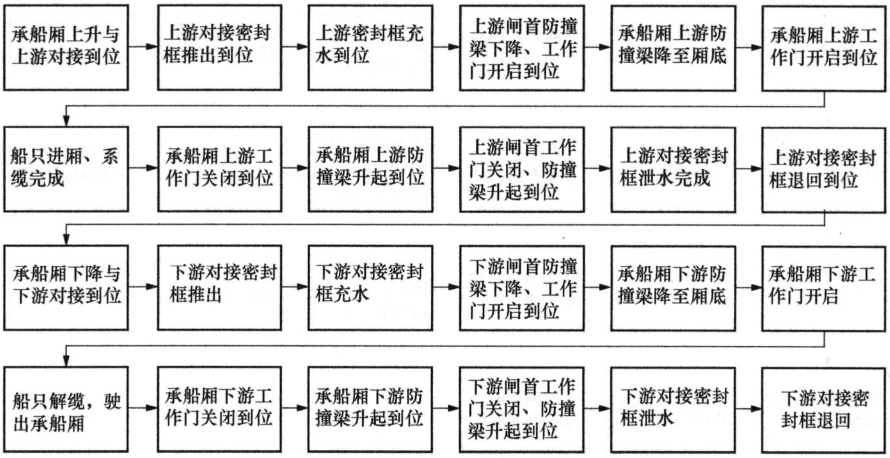

图 2-6　全平衡式升船机单只船舶正常下行程序

二、入水式垂直升船机

1. 正常上行程序

对于入水式升船机，单只船舶正常上行程序如图 2-7 所示。

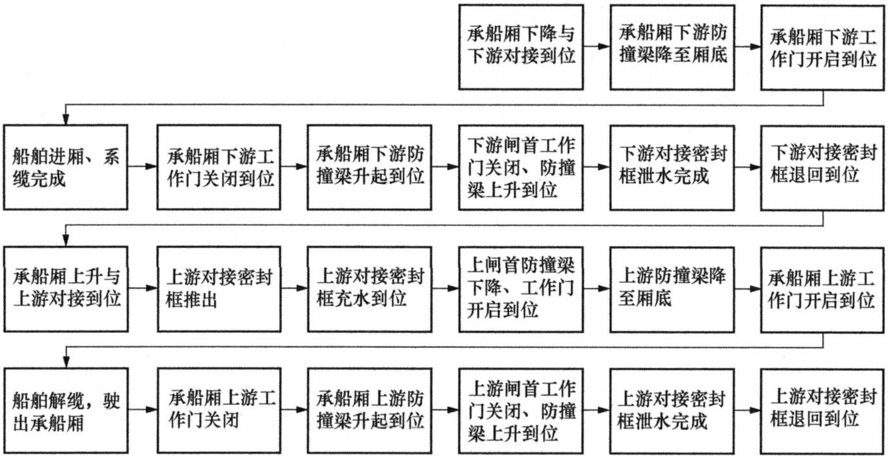

图 2-7　入水式升船机单只船舶正常上行程序

2. 正常下行程序

对于入水式升船机，单只船舶正常下行程序如图 2-8 所示。

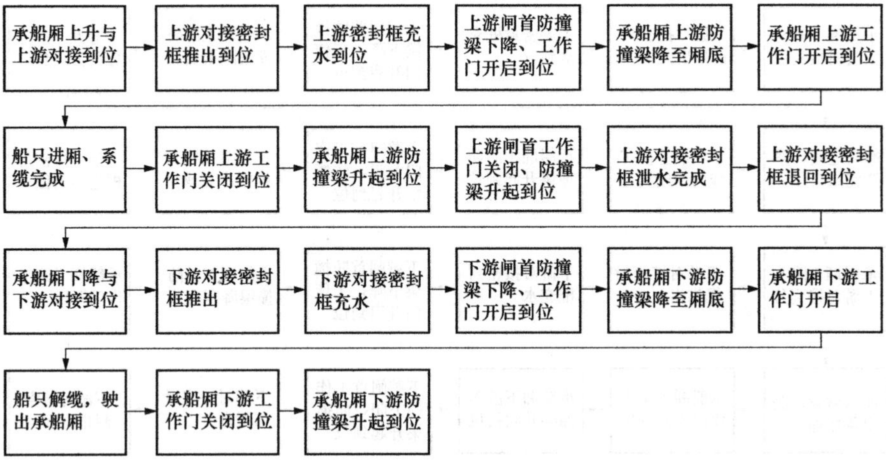
承船厢上升与上游对接到位
上游对接密封框推出到位
上游密封框充水到位
上游闸首防撞梁下降、工作门开启到位
承船厢上游防撞梁降至厢底
承船厢上游工作门开启到位
船只进厢、系缆完成
承船厢上游工作门关闭到位
承船厢上游防撞梁升起到位
上游闸首工作门关闭、防撞梁升起到位
上游对接密封框泄水完成
上游对接密封框退回到位
承船厢下降与下游对接到位
下游对接密封框推出
下游对接密封框充水
下游闸首防撞梁下降、工作门开启到位
承船厢下游防撞梁降至厢底
承船厢下游工作门开启
船只解缆，驶出承船厢
承船厢下游工作门关闭到位
承船厢下游防撞梁升起到位

图 2-8　入水式升船机单只船舶正常下行程序

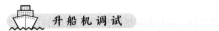

第三章

调试总体规划

第一节　调试依据

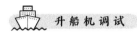

升船机的调试需要满足以下文件的技术要求和规定。

（1）升船机设计文件和相关图纸。

（2）升船机安装技术文件。

（3）升船机调试技术要求。

（4）相关国家标准及行业规范：

GB/T 6067.1 起重机械安全规程　第 1 部分：总则

GB 51177 升船机设计规范

GB/T 3811 起重机设计规范

NB/T 35045 水电工程钢闸门制造安装及验收规范

NB/T 35051 水电工程启闭机制造安装及验收规范

SL 425 水利水电起重机械安全规程

JB/T 12215 钢丝绳卷扬式垂直升船机

第二节　调试总体目标

按照升船机现场实际条件，通过机电设备联合调试，达到以下目标：

（1）对各机械和电气系统的硬件设备进行检查、测试和调整，对所有运行功能、控制功能、闭锁关系、故障应对等进行全面检验和调试，以实现升船机安全、高效运行的目的；同时，使升船机机械与电气系统制造和安装的质量满足相应规程规范和设备制造及安装合同的要求。

（2）根据现场实际情况，检验、调整升船机机、电、液设备之间的适配关系，使各系统之间的配合达到最优。

（3）对所有检测信号及二次仪表进行率定，根据实际情况，对行程、位置检测传感器进行调整，使检测信号真实、准确地反映设备的实际运行状态。

（4）对升船机各系统及整体的性能指标进行全面调试、整定，使升船机综合性能指标达到总体设计要求。

（5）对调试过程中发现的问题进行及时修复、处理，使升船机各系统经过调试后处于最佳状态。

（6）通过现场机电联调，验证工程总体设计的正确性，检测并记录液压系统、金属结构、机械设备、电气控制系统等设备的各项技术参数，并为升船机的运行维护积累经验。

通过现场调试，使升船机机电设备的性能和技术参数达到升船机总体设计要求和整体安全可靠运行的要求，为升船机试运行工作做准备。

第三节 调试阶段划分

升船机调试阶段一般划分为单机调试、分系统调试和联合调试阶段。

一、单机调试

单机调试是在机械和电气设备完成现场安装并验收合格后，对相对独立的或复杂的机械、电气系统中的一台/套机械和电气设备进行的调试。

1. 单机调试的目的

（1）检验机械设备装配和连接的正确性，以及设备的安装质量。

（2）检验单项机械设备在空载/带载状态下动作的正确性、协调性与可靠性，使性能、指标、参数达到设计要求。

（3）检验电气设备上电工作的正确性和稳定性；检验机械执行机构、现地检测装置与现地电气控制站之间电气接口关系的正确性和可靠性。

（4）调整校验信号检测设备的各种检测信号，检验现地控制及保护功能的正确性和完备性等。

2. 单机调试应具备的条件

(1) 各机械设备安装到位，相应机械设备、液压设备的清洗、调整完毕，通过监理工程师检验合格。

(2) 各现地控制盘柜安装就位，控制柜与各机构之间的电气接线完毕，通过监理工程师检验合格。

(3) 各现地控制站与各机构的检测装置均安装、接线完毕，通过监理工程师检验合格。

(4) 辅助设备安装、接线完毕，通过监理工程师检验合格。

(5) 机械设备动作区域内无影响设备动作的杂物。

二、分系统调试

分系统调试是在机械和电气设备完成单机调试，并且调试结果符合设计要求后进行，是对分系统内的所有机械、电气设备按其在分系统中的功能所进行的调试。

1. 分系统调试的目的

(1) 调整机构动作的协调性、正确性和准确性；检验机构联动的可靠性；调整、整定各系统的性能和参数。

(2) 检验分系统机械设备在空载/带载状态下动作的正确性、协调性，调整、整定设备参数，使系统中所有设备具备正常运转的条件，使其运行性能满足设计要求。

(3) 检验机械、电气设备安装和接线的正确性、完整性，控制信号的准确性以及软硬件之间的协调性。

(4) 检验和调整监控系统集控站、网络、现地控制站功能的正确性、协调性、可靠性和实时性；检验和调整升船机安全控制系统故障保护功能的正确性、可靠性、完备性和实时性。

(5) 检验和调整升船机各单机构控制的动作闭锁关系。

(6) 检验和调整信号检测系统的准确性、灵敏性、可靠性。

2. 分系统调试应具备的条件

(1) 所有计算机监控系统网络电缆、光缆敷设到位，网络接口设备安装到位，上位机之间、上下位机之间的 2 个网络形成，并工作正常，通过监理工程师检验合格。

（2）各现地控制设备、检测设备单机及相应的机械设备调试完毕，工作正常，通过监理工程师检验合格。

（3）上位机监控主机、通信服务器、多媒体主机安装接线完毕，通过监理工程师检验合格。

三、联合调试

联合调试是在完成全部单机调试和分系统调试，并且调试结果符合设计要求后，对升船机各系统设备的联合运行进行的调试。

1. 联合调试的目的

（1）全面检验升船机设备的设计、制造、安装质量和性能指标及按运行流程工作的协调性、正确性、安全可靠性等。同时，按设计要求最终调整设备的技术性能参数和安全闭锁关系，直至全面满足设计和实际运行要求，为升船机投入试运行奠定基础。

（2）进一步检验设备和金属结构在空载和带载状态下的动作正确性、协调性、准确性与可靠性；检验和调整设备在空载和带载状态下的工作参数和保护参数；使机械设备和金属结构设备具备正常运转条件，且其运行性能满足实际工况要求。

（3）检验电气设备之间的协调性、准确性，检验各种设备之间接口与配合的正确性。

（4）对主提升机系统提升、下降、准确停位工况进行调试；对升船机各运行控制软件流程的动作正确性、可靠性进行检测、调试。

（5）对主提升机各闭环控制环节的参数进行调试和整定，检验系统动作闭锁关系的正确性和可靠性。

（6）试验升船机特殊事故工况的应急运行程序。

2. 联合调试应具备的条件

（1）各系统硬件设备分系统调试完毕，工作正常，通过监理工程师检验合格。

（2）计算机上位监控主机、多媒体主机、通信服务器的系统软件、应用软件功能完善，满足升船机各种运行工况要求，通过监理工程师检验合格。

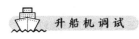

（3）各现地控制子站应用软件功能完善，满足升船机各种运行工况要求，通过监理工程师检验合格。

（4）船舶探测装置安装、接线完毕，通过监理工程师检验合格。

（5）所有机械设备结构完整、齐全，运转无障碍，通过监理工程师检验合格。

第四节　调试实施路线

升船机调试是升船机试运行前的一个关键环节，涉及计算机通信、工业自动化、金结、机械、液压等各专业内容，其技术复杂、工作难度大，而且还需要在调试过程中配合安装作业，完成升船机设备的最终安装。所以，调试单位在调试前需要对升船机设计技术参数、产品性能指标、现场安装情况等做全面、细致的调研、分析，充分估计在调试中可能出现和遇到的技术问题和安全问题，制定升船机现场调试工作大纲、调试专项技术方案和实施计划，并与设计、制造、安装、监理等单位成立调试工作组，在现场调试总指挥的统一指挥和调度下，开展升船机调试、试验工作。

一、资料收集

升船机调试之前，需要对升船机相关设计资料以及安装情况进行收集和掌握，具体包括以下内容：

（1）升船机设计、安装技术文件和设计图纸。

（2）升船机调试技术要求文件。

（3）升船机各设备的设计参数、产品性能指标。

（4）升船机各设备的出厂验收文件、产品说明书。

（5）升船机安装现状。

（6）升船机调试条件具备情况。

二、调试分析

在升船机相关设计资料以及安装情况等收集和掌握之后，需要做深入分析，统筹布局，制定升船机调试指导性文件和专项技术方案。

（1）分析升船机调试技术要求，制定升船机调试工作大纲。

（2）结合现场安装情况，分析升船机运行程序、安全闭锁条件，制定升船机运行控制流程以及调试实施步骤。

（3）分析升船机主要技术参数，计算升船机主提升系统的提升能力和制动能力，制定承船厢首次提升技术方案，合理、高效地完成承船厢、平衡重系统的挂装。

（4）分析调试过程中遇到的重要环节，制定承船厢空中升降运行试验、承船厢出入水试验、承船厢与闸首对接试验、模拟过船试验、实船试验等多个专项技术方案。

三、实施路线

升船机是一个复杂的系统工程，其调试必须按步骤、分阶段进行，根据系统及设备特点，调试工作按先机械后电气、先单机后系统、先现地后集控、先空载后带载、先无水后有水、先无船后有船、先分系统后联合、先正常工况后故障保护工况的原则进行。

升船机调试要结合升船机现场安装情况，利用调试分析成果，制定关键路径调试顺序和实施步骤，如表 3 - 1 所示。

表 3 - 1　　升船机调试关键路径与调试顺序

<table>
<tr><th rowspan="2">调试次序</th><th colspan="5">调试项目</th><th rowspan="2">调试阶段</th></tr>
<tr><th colspan="2">主提升系统</th><th colspan="2">承船厢</th><th>闸首设备</th></tr>
<tr><td>1</td><td colspan="2">主提升控制站</td><td colspan="2">承船厢控制站</td><td>闸首控制站</td><td rowspan="4">单机调试</td></tr>
<tr><td>2</td><td>稀油润滑站</td><td>干油润滑站</td><td colspan="2">承船厢液压系统</td><td>闸首液压系统</td></tr>
<tr><td>3</td><td colspan="2">提升机构</td><td>上游防撞装置</td><td>下游防撞装置</td><td>闸首防撞装置</td></tr>
<tr><td>4</td><td colspan="2">制动系统</td><td>上游工作门</td><td>下游工作门</td><td>工作门启闭机</td></tr>
</table>

续表

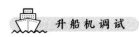

调试次序	调试项目				调试阶段
	主提升系统	承船厢		闸首设备	
5	主提升空载调试			闸首工作门与启闭机联合运行试验	分系统调试
6	承船厢升降运行试验				联合调试
7		对接顶紧装置	对接锁定装置	对接密封装置	单机调试
8				间隙充泄水装置	
9	承船厢与闸首对接与解除对接试验				联合调试
10	模拟过船试验				
11	实船试验				
12	升船机安全性能试验（防撞梁撞击试验、承船厢水漏空试验、模拟沉船试验）				

第四章

单机调试

第一节　主提升系统

一、主提升控制站调试

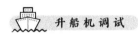

主提升控制站布置在升船机主机房左、右侧的主电室内，由布置在主电室内的配电柜、控制柜、电气传动装置和布置在主机房的润滑泵站控制柜、制动器泵站控制柜组成。主要实现主提升系统升降运行控制、制动器上/松闸控制、减速机润滑控制、辅机设备双电源供电、检测信号的采集与处理。

（一）电气传动装置调试

主提升电气传动装置主要是对主提升传动系统交流变频器及交流电动机进行现地操作控制、监视和保护，同时进行与主提升控制站的数据信息交换。

电气传动装置单机调试的主要目的是使主提升机传动装置除恢复到在厂内机电联调完成时的状态外，还应达到分系统调试要求的状态，主要实现升船机主提升机的升降运行控制，其调试的主要内容如下。

1. 检修控制方式调试

(1) 控制功能调试，包括单套和多套电机正反转运行、单套和多套电机正反转点动运行。

(2) 分别检测各台主电机在正反转运行时及点动正反转运行时的转速、电流、噪声。

2. 现地单机控制方式调试

(1) 控制功能调试，包括 8 套电机正反转同步运行、8 套电机正反转点动同步运行。

(2) 分别检测各台主电机在正反转运行时及点动正反转运行时的转速、电流、噪声。

（二）硬件配置检查与试验

1. 电气接口正确性与可靠性检查

（1）电气盘柜与外部检测设备接口检查（包括开关量、模拟量信号输入；检测装置电源供电线路）。

（2）电气盘柜与外部执行机构、用电接口检查（包括主电机供电、制动泵站供电、稀油润滑站供电、干油润滑站供电等接口）。

（3）控制信号接口检查（包括本站柜间联络信号及与外部控制站硬连接信号）。

（4）网络通信接口检查（交换机、MB＋网、以太网）。

（5）PLC 机 I/O 点连接检查（内部线路）。

（6）电气盘柜柜内动力回路、控制回路线路检查。

2. 设备通电正常性检查

（1）交流动力电源上电检查。通电前应测量设备的绝缘电阻，绝缘电阻值不小于 1MΩ；逐步合上交流动力电源回路，并测量电源电压应为 3 相 380V±15%AC，电源频率为 50Hz±2Hz。

（2）交流控制电源上电检查。测量各交流控制电源回路，电压应为 220V±2%AC，电源频率为 50Hz±2Hz。

（3）UPS 电源上电检查。UPS 静态输出电压应为 220V±2%AC，电源频率为 50Hz±2Hz，其容量应满足停电供电时间 1h 的要求。

（4）直流电源上电检查。输出电压应为 24V±1%DC。

（5）控制系统上电检查。系统上电，逐步合上所有断路器、熔断器，检查（AC 220V、DC 24V）各回路是否有短路现象；检测并确认，为调试试验提供的交流电源电压（AC 380V）正确无误，且电压波动在允许的范围之内（±15%）；检测并确认，直流电源电压（DC 24V）正确无误，且电压波动在允许的范围之内（±1%）；检查并确认，被调试控制系统的各操作切换开关和电源断路器在初始位置。

（6）检测设备上电检查。

（7）各动力设备（包括稀油润滑站、干油润滑站、制动器泵站、电气传动装置等）上电检查。

3. 柜面显示正确性与稳定性检查

(1) 运行信号显示检查。

(2) 状态信号显示检查。

(3) 故障信号显示检查（灯光、音响)。

(4) 其他显示设备检查（电压、扭矩仪等)。

(5) 人机界面显示检查。

（三）调试项目

(1) 运行方式转化转换试验。

(2) 现地方式下，稀油润滑站运行及故障保护试验。

(3) 现地方式下，制动器液压泵站启停功能及故障保护试验。

(4) 现地方式下，制动比例阀控制试验。

(5) 现地方式下，紧急停机、快速停机试验操作试验。

(6) 现地方式下，制动器液压泵故障模拟试验（包括油温报警、油位报警等)。

(7) 现地方式下，安全和工作制动器松闸、上闸试验。

(8) 现地方式下，工作制动器、安全制动器上闸、松闸时间检测以及信号一致性检测。

(9) 现地方式下，干油润滑站运行试验。

(10) 主机房UPS功能试验。

(11) 主机房双电源互投功能试验。

(12) 直流24V DC电源故障保护。

(13) 冗余I/O模块故障保护。主提升I/O模块采用冗余保护，PLC将收到的I/O信号进行冗余处理后，才进行下一步操作；断开一路开关量冗余输入，系统按安全优先原则进行冗余判断，确定输入信号值；断开一路开关量冗余输出，不影响系统执行继电器动作。

(14) 现地PLC热备切换。使主CPU断电，系统无扰切换到从CPU继续工作，对系统无任何影响。

(15) 两段母线分段运行及电气连锁保护。

(16) 保护参数功能整定。

(17) 电机主回路故障保护及保护参数整定。

（18）主电源故障后，备用电源供电保护。

（四）检测设备调试

1. 承船厢行程测量装置调试及电气性能调整

（1）检查和调试旋转编码器旋转轴的同心度。

（2）检验旋转编码器信号输出与旋转方向是否正确。

2. 扭矩仪调试及电气性能调整

（1）检查扭矩仪旋转方向与同步轴旋转方向是否一致。

（2）检查电流及信号插座接线是否正确，二次显示仪表测试是否完好，上电检查能否正常显示信号。

（3）依据扭矩仪使用说明书进行调试与信号率定。

3. 承船厢上、下极限测量检测装置调试及电气性能调整

（1）检查限位开关安装位置和接线的正确性。

（2）给限位开关上电，用手拨动限位开关拨杆，在主提升控制柜人机界面显示器上的指示灯亮，表示限位开关工作正常。

（3）反复上述动作 3 次，使限位开关工作正常，无误动产生，即可投入使用。

4. 承船厢上、下锁定位置检测设备调试及电气性能调整

（1）检查接近开关接线正确无误后，可通电调试。

（2）用一小块金属板靠近接近开关感应端，测试接近开关完好性。

（3）将锁定装置推到前进位（或后退位），装置上挡板靠近接近开关，其上指示灯亮，表示接近开关工作正常，有开关信号输出。如果其上指示灯不亮，表示接近开关工作不正常，应调整接近开关的工作距离。

（4）重复以上试验 3 次，检查接近开关输出信号的正确性，有无误动作产生。

（五）调试记录表

（1）主机房控制站电气绝缘检查及线间耐压测试记录表。

（2）主机房控制站电气接口检查记录表。

（3）主机房控制站设备通电检查记录表。

（4）主机房控制站柜面显示检查记录表。

(5) 主机房控制站操作及运行记录表。

(6) 主机房控制站模拟故障调试及保护参数整定记录表。

(7) 承船厢行程测量装置调试及电气性能调整记录表。

(8) 扭矩仪调试及电气性能调整记录表。

(9) 承船厢上、下极限测量检测装置调试及电气性能调整记录表。

(10) 承船厢上、下锁定装置位置检测调试及电气性能调整记录表。

二、 稀油润滑站调试

升船机每台主提升机构均配置 1 台独立的稀油润滑系统，为减速器提供强制润滑。每套稀油润滑系统包含 1 套稀油润滑站、润滑油以及与减速器连接的管路等。稀油润滑站主要由油箱、电加热器、2 台定量油泵装置、双筒过滤器、油冷却器、回油磁（栅）网过滤装置、功能性阀门（单向阀、安全阀、开关阀门）及管道、控制元件（压力控制器、压差控制器、温度控制器、液位控制器）、显示仪表（压力表、温度表、液位计）、电控柜等组成。

1. 参试设备

供配电系统、8 套稀油润滑泵站及其电气控制与检测装置等。

2. 调试目的

(1) 检验设备安装质量。

(2) 检验润滑效果。

(3) 将电气控制、检测接入主传动控制系统。

(4) 为减速器参与主提升系统空载、带载调试提供条件。

3. 调试条件

(1) 减速器、润滑泵站安装完毕。

(2) 管路正确、可靠连接、无泄漏。

(3) 电加热器功能、油位正常。

(4) 检测装置、电气接线正确。

4. 调试内容

(1) 根据现场环境温度，设置油泵启动油温条件，开启加热装置，直至油温达到设置值。

（2）主提升控制站处于检修模式下，分别向每台稀油润滑站发出启动和停止信号，确认稀油润滑泵站启动、停止动作正确，运行显示正常。

5. 调试目标

稀油润滑站运行正常，油位正常，压力达到设定值，运行状态指示正确，运行噪声不大于 85dB。

三、 干油润滑站调试

干油润滑系统对主提升卷筒、同步轴、电动机高速连接轴的滚动轴承进行润滑，为主提升机构运行提供润滑条件。

1. 参试设备

供配电系统、4 套干油润滑站与管路以及同步轴、电动机高速连接轴、卷筒支架轴承等润滑点及其控制等。

2. 调试目的

通过调试使干油润滑系统的性能、指标、参数和润滑效果等达到设计要求，为主提升机空载、带载调试提供条件。

3. 调试条件

干油润滑站的油罐油位正常、润滑设备安装到位、管路可靠连接，所有油管安装连接可靠、管路通畅无堵塞、无漏油现象。

4. 调试内容

（1）设置油泵启动间隔时间。

（2）启动干油润滑站，确认润滑站启动、停止动作、时间正确，泵站运行正常，指示正确，各部位无渗漏油现象，各供油点得到润滑。

5. 调试目标

干油润滑系统各润滑点的注油量适当，各部位无渗漏油现象，润滑效果达到设计要求。

四、 提升机构调试

1. 参试设备

分别对主提升系统各台提升机构进行调试，每台提升机构参试设备包括1台电动机、1套高速连接轴、1台减速器、2只卷筒、1套稀油润滑站以及供配电系统、主提升控制站、检测装置等。

2. 调试目的

(1) 检验电气传动、减速器润滑泵站之间动作的协调性。

(2) 调试运行速度图。

(3) 调试电动机正常启动、停止程序。

(4) 为主提升系统空载、带载调试提供条件。

3. 调试条件

(1) 各套提升机构设备安装到位，安装质量符合要求。

(2) 卷筒未缠绕钢丝绳（如已缠绕，必须将钢丝绳牢靠固定在卷筒上）。

(3) 断开8套卷扬提升机构之间的机械同步轴。

(4) 减速器润滑站、干油润滑系统已完成调试。

(5) 高速连接轴、卷筒轴轴承已加注润滑脂。

(6) 电气传动系统已完成出厂调试。

(7) 检测、控制装置已完成调整。

(8) 强制打开工作制动器和安全制动器。

4. 主要调试内容

(1) 电动机分别以5%、20%、50%、80%、100%额定转速驱动减速器，实现卷筒正、反向运转，每种速度每个方向持续运行时间不少于3min。

(2) 调试运行速度图，记录电机转速、转矩、电流、电压等数据。

(3) 正常启动、停止试验。

5. 调试目标

各套卷扬提升机构设备空载运转正常，提升、下降运行方向一致，所有性能、参数满足设计要求。

五、 制动系统调试

1. 参试设备

主提升制动系统参与调试的设备包括液压泵站、工作制动器、安全制动器、事故制动器、液压管路、现地液压控制站、主提升控制站、供配电系统以及检测装置等。

2. 调试目的

（1）检验制动系统设备的安装质量。

（2）按设计要求调整上闸间隙、制动力、上闸与松闸时间等参数。

（3）检验工作制动器调压上闸功能。

（4）为卷扬提升机构参与主提升系统带载调试提供安全保障。

3. 调试条件

（1）安全制动器、工作制动器安装完毕，制动间隙符合设计要求。

（2）液压泵站安装完毕，管路连接正确、可靠。

（3）检测装置、电气控制装置已完成调试。

（4）主电机不接电，并切除电机与制动器之间的闭锁。

4. 调试内容

（1）按照设计要求调整液压泵站的压力、流量，确认油温、油位、油压、反馈信号等检测装置的信号准确。

（2）调整制动器的松闸间隙，使之符合设计要求。

（3）检查制动器上、松闸到位检测装置，确认接线正确、信号可靠。

（4）液压泵站电机启停控制正常，运行显示正常，当主油泵电机故障时，应能发讯报警，并能及时切换到备用电机。

（5）安全制动器与工作制动器松闸测试，应具备不能同时松闸功能。

（6）现地控制状态，按安全制动器松/上闸按钮，安全制动系统自己所带的控制柜 PLC 控制，主提升控制站 PLC 监视，安全制动器的松/上闸正常，全部安全制动器的上闸时间差、松闸时间差应满足设计要求。

（7）现地控制状态，按工作制动器松/上闸按钮，安全制动系统自己所带的控制柜 PLC 控制，主提升控制站 PLC 监视，工作制动器的松/上闸正常，全部工作制动器的上闸时间与松闸时间差应满足设计要求。

（8）现地紧急停机调试。现地控制状态下，工作制动器和安全制动器松闸，依次拍下 2 台液压泵站接线盒、安全制动系统控制柜上的紧停按钮，安全制动系统自己所带的控制单元 PLC 控制，主提升控制站 PLC 监视，工作制动器应能通过调整比例阀的设定压力线控制制动力，实现无级调压上闸，延时 2～3s 后，安全制动器全压上闸。

5. 调试目标

(1) 工作制动器、安全制动器、事故制动器的上、松闸时间及其时间差符合设计规定。

(2) 泵站运转正常，无噪声、泄漏、异常发热等不利现象。

(3) 检测装置工作正常。

(4) 工作制动器调压上闸功能符合设计要求。

六、 工程案例

以乌江构皮滩水电站第二级升船机主提升制动系统为例进行阐述，该系统包括1个集中控制液压泵站、4套工作制动器、6×8套安全制动器、液压管路及检测装置等组成。制动系统液压泵站主要由2套电机油泵组、蓄能器、工作制动器阀组、安全制动器阀组、油箱及附件等组成，制动系统液压原理图如图4-1所示。工作制动器阀组控制蓄能器建压、泄压、工作制动器松闸、上闸，安全制动器阀组控制安全制动器松闸、上闸。

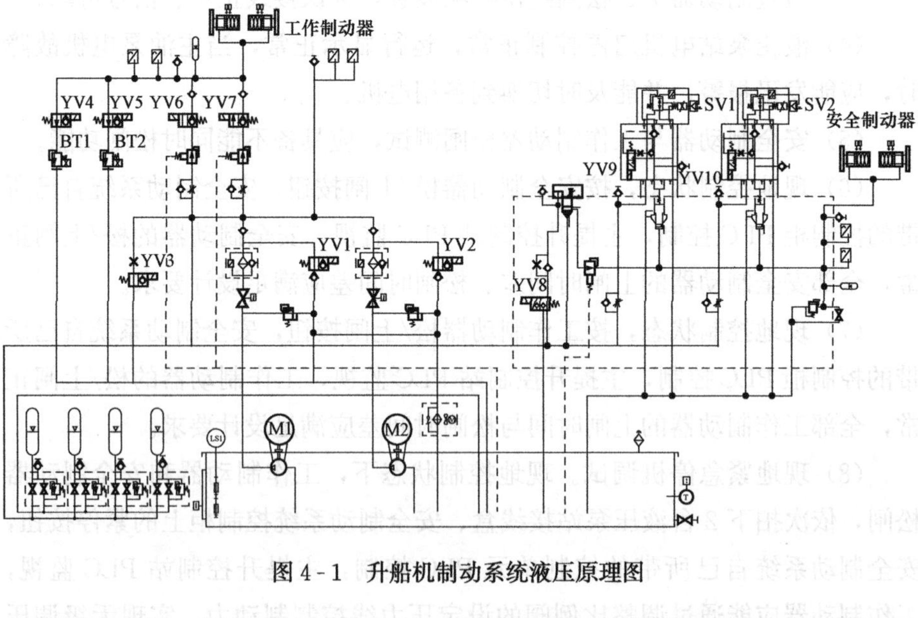

图4-1 升船机制动系统液压原理图

制动系统工作程序：正常工况，主提升电动机转速接近零时工作制动器全压制动，延时数秒后，安全制动器再全压上闸。紧急事故工况，需要进行紧急制动，先执行工作制动器按既定曲线的调压上闸，延时数秒后，安全制动器全压上闸。

液压泵站蓄能器工作流程：2套电机泵组同时工作互为备用，单套电机泵工作时蓄能器充压时间延长翻倍。电机空载启动后，延时数秒后电磁铁YV1、YV2、YV3得电，油泵建压，蓄能器充压，压力到达后电磁铁YV1、YV2失电，电机空载运行，当工作完成后需要泄压，电磁铁YV3失电，电机停止，蓄能器泄压。制动系统液压泵站蓄能器动作如表4-1所示。

表4-1　　制动系统液压泵站蓄能器动作表

工况	电机		电磁阀		
	M1	M2	YV1	YV2	YV3
蓄能器建压	启动	启动	+	+	+
蓄能器泄压	停止	停止	−	−	−

制动系统工作制动器动作流程：蓄能器已完成充压，电磁铁YV4、YV5、YV6、YV7得电，工作制动器松闸，松闸后，电磁铁YV4、YV5保持得电，电磁铁YV6、YV7失电，工作制动器保持松闸状态，靠小蓄能器保压；电磁铁YV4、YV5失电，比例溢流阀常开，正常工况下全压上闸；电磁铁YV4、YV5失电，比例溢流阀按调定的电信号输入，执行紧急事故工况下调压上闸。制动系统工作制动器动作如表4-2所示。

表4-2　　制动系统工作制动器动作表

工况	比例溢流阀		电磁阀			
	BT1	BT2	YV4	YV5	YV6	YV7
松闸	−	−	+	+	+	+
正常上闸	−	−	−	−	−	−
紧急上闸	↗	↗	−	−	−	−

制动系统安全制动器动作流程：蓄能器已完成充压，电磁铁YV8得电，安全制动器松闸，松闸后，电磁铁YV8失电，安全制动器保持松闸状

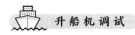

态；正常工况下，电磁铁 YV9、YV10 得电，伺服阀组的二通插装阀控制油泄压，油路连通，安全制动器全压上闸；紧急制动工况下，电磁铁 YV9、YV10 不得电，伺服阀 SV1/SV2 按调定的电信号输入，安全制动器执行调压上闸。制动系统安全制动器动作如表 4-3 所示。

表 4-3　　制动系统安全制动器动作表

工况	伺服阀		电磁阀		
	BT1	BT2	YV8	YV9	YV10
松闸	−	−	+	−	−
正常上闸	−	−	−	+	+
紧急上闸	↗	↗	−	−	−

第二节　承船厢设备

一、承船厢控制站调试

承船厢控制站由承船厢控制主站和远程 I/O 控制站组成，共同控制、监测承船厢两侧液压泵站 A、液压泵站 B 及其通航信号灯、相关检测装置等。

（一）主要调试内容

1. 电气接口检查

检查盘柜与外部检测设备、执行机构和负载之间的动力供电接口、控制信号接口、网络通信接口等的正确性、可靠性检查，以及线间绝缘耐压检测。

2. 设备上电检查

交、直流控制电源、PLC 等设备的上电正常工作检查。

3. 柜面显示检查

柜面运行信号、状态信号、故障信号的灯显和数显等的正确性、稳定性检查。

4. 操作及运行功能调试

系统通电调试合格后才允许进行现地手动控制功能调试。

(1) 运行方式手动转换控制。将系统被控设备操作切换开关掷到“现地手动”位置，手动操作各相应操作器件，观测与各相应被控设备的动作器件（如继电器、接触器、指示灯）状态变化，确认其变化正常。

(2) 液压泵站油泵电机的空载运行手动控制。小功率油泵电机采用直接启动方式，大功率油泵电机采用软启动。

(3) 液压泵站油加热器的手动/自动启、停控制。

(4) 均衡液压缸的伸缩手动控制。

(5) 承船厢对接锁定机构的伸出、退回、停机运行的手动控制。调试承船厢对接锁定机构，要求上、下游端联动控制，即：承船厢对接锁定机构动作时，A、B泵站必须同时控制各自的锁定动作。

(6) 上、下游防撞梁上升、下降、停机运行的手动控制。

(7) 上、下游防撞梁上升、下降的手动/自动纠偏控制。

(8) 承船厢上、下游船厢工作门的开门、关门、停机运行的手动控制。

(9) 承船厢上、下游船厢工作门的手动/自动纠偏控制。

(10) 承船厢液压系统冷却水泵手动/自动控制。

(11) 承船厢液压泵站油泵电机的切换控制。

(12) 承船厢夹紧机构保压自动控制。

(13) 大油泵电机的自动备用控制。当运行的大油泵电机故障时，另一台大油泵电机应能自动投入工作。

(14) 现地位的通航信号灯手动通航、停航控制。

5. 泵站单机构操作功能调试

泵站单机构操作是由上位机发出控制指令，通过网络传送指令去控制各受控设备。通过上位机发单机构操作令对承船厢设备进行开启、关闭或停止等操作。

(1) 承船厢上游卧倒门的开启、关门、停机运行的控制。

(2) 承船厢上游防撞梁的上升、下降、停机运行的控制。

(3) 承船厢对接锁定装置的伸出、后退、停机运行的控制。

6. 故障保护功能调试

(1) 通信故障保护。升船机所有控制站网络结构是双以太网环网，通信数据冗余，当承船厢控制站的1条通信链路发生故障时，通信不受影响，系统故障报警，完成本航次后，停机检修；当2条通信链路都发生故障时，即为严重的二类故障，系统发出声光故障报警，此时不响应任何集控命令，系统通过承船厢硬接线信号完成本航次后，停机检修。

(2) 直流24V DC电源故障保护。任意断开一路直流电源，备用电源继续工作，不影响系统正常运行；控制系统同时给出故障报警。

(3) 承船厢控制站PLC热备切换。承船厢控制站PLC热备系统的热备切换模拟，使主CPU断电，系统无扰切换到从CPU继续工作，对系统无任何影响。

(4) 液压泵站油温故障报警。当油箱油温太低，控制系统发出低油温报警信号并控制加热器启动，主泵不能启动，承船厢机构动作停止，升船机停机检修。

(5) 液压泵站油位故障报警。当油箱油位太高，系统控制油泵电机停止，并发出最高油位报警信号；当油箱油位高时，控制系统发高油位报警信号；当油箱油位低时，控制系统发低油位报警信号；当油箱油位太低，系统控制油泵电机停止，并发出最低油位报警信号。

(6) 液压泵站滤油器堵塞故障报警。当回油滤油器堵塞后，发讯，控制系统发滤油器堵塞报警信号；当吸油滤油器堵塞后，发讯，控制系统发滤油器堵塞报警信号并停机。

(7) 泵站油压故障报警。当泵站液压回路压力超过对应压力继电器设定值后，压力继电器发讯，控制系统控制相应油泵电机停机，并发出油路系统超压报警信号。

(8) 锁定机构自动保压后，失压信号仍然有效。锁定机构自动保压动作后，失压信号仍然有效，过一段时间后，信号有效，则保压停止，系统报压力继电器故障。若过一段时间后，信号无效，则保压泵不停，系统报失压故障。

(9) 锁定机构退回时，过压故障。锁定机构退回时，因故障压力升至设定值，此时，压力继电器发讯，系统控制机构动作停止，并发出夹紧机构返回故障报警信号。

（10）锁定机构动作超时故障报警。锁定机构在推出过程中，由于检测信号或液压设备的机械原因，PLC 在夹紧推出命令发出后的设定时间内，未能采集到压力和位置的进到位信号，就认为发生了夹紧机构推出超时故障，系统控制夹紧机构停止动作，并发出夹紧装置推出超时报警信号；锁定机构在退回过程中，由于检测信号或液压设备的机械原因，PLC 在顶紧退回命令发出后的设定时间内，未能采集到位置的退到位信号，就认为发生了锁定装置退回超时故障，系统控制夹紧机构停止动作，并发出夹紧装置退回超时报警信号。

（11）防撞装置动作超时故障报警。防撞梁在提升过程中，由于检测信号或液压设备的机械原因，PLC 在防撞梁提升命令发出后的设定时间内，未能采集到压力和位置的升到位信号，就认为发生了防撞梁上升超时故障，系统控制防撞梁停止动作，并发出防撞梁上升超时报警信号；防撞梁在下降过程中，由于检测信号或液压设备的机械原因，PLC 在防撞梁下降命令发出后的设定时间内，未能采集到位置的降到位信号，就认为发生了防撞梁下降超时故障，系统控制防撞梁机构停止动作，并发出防撞梁下降超时报警信号。

（12）承船厢工作门动作超时故障报警。承船厢工作门在开启过程中，由于检测信号或液压设备的机械原因，PLC 在承船厢工作门开启命令发出后的设定时间内，未能采集到位置的开到位信号，就认为发生了承船厢工作门开启超时故障，系统控制承船厢工作门机构停止动作，并发出承船厢工作门开启超时报警信号；承船厢工作门在关闭过程中，由于检测信号或液压设备的机械原因，PLC 在承船厢工作门关闭命令发出后的设定时间内，未能采集到位置的关到位信号，就认为发生了承船厢工作门关闭超时故障，系统控制承船厢工作门机构停止动作，并发出承船厢工作门关闭超时报警信号。

（13）油泵电机主回路故障报警。3 台小油泵电机中的任一台油泵电机主回路故障，控制系统报警，控制系统继续运行完一个航次后，停机检修；2 台大油泵电机中的 1 台油泵电机主回路故障，控制系统报警，控制系统继续运行完 1 个航次后，停机检修；3 台小油泵电机中的 2 台油泵电机主回路同时故障，控制系统报警，升船机停机检修；2台大油泵电机主回路同时故障，控制系统报警，升船机停机检修。

(14) 电磁阀位置反馈故障。液压系统中电磁阀发生位置故障时，系统故障报警，升船机停机检修。

(15) 承船厢工作门位置开关故障报警。承船厢工作门启、闭门到位时，有1个位置开关失效，但2个位移传感器正常并指示承船厢工作门启闭门到位，系统故障报警，完成1个航次后，系统停机检修。

(16) 液压泵站冷却水泵电机主回路故障报警。冷却水泵电机主回路故障，不影响系统正常运行，只需发出水泵电机故障报警信号。

(17) 承船厢水深及水平检测装置故障保护。承船厢水深下降或上升超过允许范围及水平检测装置故障时，系统故障报警，升船机系统停机，水泵系统充泄水或设备检修。

(18) 均衡油缸的失压、超载、位置偏离过大等问题。钢丝绳液压均衡系统是在升船机停航期间进行调整的，因此，在通航前应检查均衡系统状态正常，无超载，位置偏差在允许的范围内，不满足要求不能通航。对提升过程中出现位置偏差过大等问题，有待现场调试时，设计院提出应对要求。

7. 液压泵站操作闭锁条件调试

(1) 夹紧机构的伸出闭锁条件。

(2) 夹紧机构的后退闭锁条件。

(3) 防撞装置的上升闭锁条件。

(4) 防撞装置的下降闭锁条件。

(5) 承船厢工作门的关门及闭锁条件。

(6) 承船厢工作门的开门及闭锁条件。

(7) 承船厢水深调整条件。

(8) 承船厢上、下游端机构动作互锁。

(9) “集控位”与“现地自动”“现地手动”选择开关的闭锁。

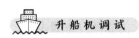

(二) 主要技术要求

(1) 系统内各电气设备之间的网络及I/O通信信号的连接正确、畅通。

(2) 机—电—液之间配合正常。

(3) 各设备承担的控制功能完整、动作协调，设备应形成一个有机的整体。

(4) 现地检测装置的电气及机械性能调整到最佳。

(5) 各动作闭锁关系正确、合理。

(6) 故障保护应对正确、措施完备。

(7) 电气保护参数整定正确。

(8) 系统控制及保护功能，以及综合性能指标满足总体设计的技术要求。

(三) 承船厢检测设备电气性能调整

1. 承船厢工作门位置检测设备电气性能调整

(1) 检查接近开关安装是否满足安装技术指导书的要求。

(2) 检查接线正确后，上电，然后用一小块金属板靠近接近开关感应头，其上指示灯亮，即可投入试验。

(3) 卧倒门处于全关位置，调整接近开关工作距离，使其感应头卧倒门上相对位置的挡板为5mm±1mm，此时接近开关处于最佳工作距离，有稳定、正确的输出信号。

(4) 卧倒门处于全开位置，调整接近开关工作距离，使其感应头距卧倒门上相对位置的挡板为5mm±1mm，此时接近开关处于最佳工作距离，有稳定、正确的输出信号。

(5) 反复 (3)、(4) 步骤3次，使接近开关输出信号正确无误，即可正式投入使用。

2. 夹紧机构退回到位检测设备电气性能调整

(1) 检查接近开关安装是否满足安装技术指导书要求。

(2) 检查接近开关接线正确后，上电，然后用一小块金属板靠近接近开关的感应头，其上指示灯亮，可以投入实验。

(3) 夹紧机构后退到位，调整接近开关工作距离，使其感应头距加紧装置后退到位挡板为3mm±0.5mm此时接近开关处于最佳工作距离，有稳定、正确的信号输出。

(4) 重复 (3) 的步骤3次，使接近开关输出信号正确无误，即可投入正确使用。

3. 其他装置电气性能调整

(1) 防撞梁上、下限位置检测装置电气性能调整。

(2) 承船厢水深检测装置电气性能调整。

(3) 承船厢静态水平检测装置电气性能调整。

(4) 承船厢内船舶探测装置电气性能调整。

(5) 承船厢水平连通管装置电气性能调整。

二、 承船厢液压系统调试

承船厢液压系统由分别布置在承船厢两侧甲板上的液压泵站 A、液压泵站 B 以及阀组和管路构成，通过电磁溢流阀设定系统保护压力，通过泵源压力切断阀设定系统压力，通过吸油滤油器、高压过滤器及回油过滤器来控制油液清洁度，保证液压系统用油满足各液压阀及泵的要求，通过冷却器及加热器对液压系统油液温度进行调节，保证液压系统工作于允许温度范围内。

（一） 调试条件

(1) 液压泵站设备已完成安装就位，各检测装置信号线已与现地控制柜连接。

(2) 油箱内已加注了经过过滤后清洁度不低于 NAS8 级的 N46 号无灰抗磨液压油，油箱油位处于最低油位与最高油位之间。

(3) 液压系统所有回路油液运行清洁度达到 NAS8 级。

（二） 主要调试内容与要求

1. 确认各球阀启闭状态

参照承船厢液压系统原理图，确认各球阀已处于常开或常闭状态，与液压系统原理图一致。

2. 泵站电机绝缘与转向检查

检查泵站电机绝缘电阻。点动电机，观察其转向是否正确（跟箭头方向一致），否则重新调整线路。

3. 油箱部分监测和保护元器件功能试验

(1) 进行主油箱液位报警功能试验。油箱油位小于设计最低液位值，油箱缺油报警，系统停机。人工向油箱充油至高于最低液面后，重新启动油泵，缺油报警应解除，继续人工补油至油位高于最高允许油位（或人工模拟油液位置）后，电控应进行油箱高液位报警。液位报警功能确认无误后，适当放掉部分液压油，解除高油位报警，使油箱油位处于最低油位与最高油位之间。后续调试中，如出现高油位、低油位报警时，根据报警情况随时补充或放出液压油。

（2）滤油器堵塞报警功能试验。人工模拟滤油器堵塞，相应滤油器应发出堵塞报警信号。

（3）油温自动控制性能测试。温控装置输出 2 个开关量和 1 个 4～20mA 模拟量，其中，一个开关量设置成 55℃，高温报警，泵组不可启动；另一个开关量设置成 10℃，低温报警，泵组不可启动。利用 1 个 4～20mA 模拟量控制加热器和冷却器：当温度低于 15℃时，加热器开始加热，温度升至 25℃时，加热器停止加热；当温度高于 45℃时，冷却器开始工作，温度降至 35℃时，冷却器停止工作。

4. 泵站功能试验

确认各控制阀台压力油与回油路之间的球阀处于关闭状态；将电磁溢流阀开启压力均调至最低。以正常启动程序分别空载启动各泵组，延时 5s，相应电磁溢流阀通电，进入加载状态；逐步调高各电磁溢流阀的开启压力，直至设定值，持续运行 10min。无异常现象后，将各电磁溢流阀失电，油泵卸载。然后分别开启各控制阀台压力油及回油路之间的常闭球阀，分别将各电磁溢流阀通电，油泵处于加载状态，油液以低压状态在控制阀组前的管路内循环。

（1）逐步调高各电磁溢流阀的开启压力，直至设计值。

（2）通过压力表、压力继电器和 PTQ 检测仪检测并记录泵站压力变化。2 台大流量泵同时运转，检测并调整电磁溢流阀动作的正确性。

（3）泵站应运转平稳，无异常噪声、振动和渗漏油现象。

（4）检查管路系统，应无振动和渗漏油现象。

（5）通过 PTQ 检测仪检测并记录泵组的流量。

（6）检测并记录油温的变化，油箱内的油温应无异常升高现象。

（7）泵站功能试验完后，恢复各控制阀台压力油与回油路之间的常闭球阀处于关闭状态。

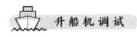

(8) 上、下游 2 台泵站分别进行以上调试，各项运行参数调整一致。

5. 压力阀、压力继电器设定压力的调整

(1) 按照设计规定的压力设定值，精确调整各压力元件的压力值。

(2) 测试各压力元件的保护和报警功能。

(3) 各压力元件的开启、动作压力应有良好的重复性，各次的开启、动作压力差不得大于 0.3MPa。

6. 备用泵组切换试验

(1) 分别对 3 台小流量泵组之间和 2 台大流量泵组之间的自动切换功能进行试验。

(2) 试验 1 台泵组运转过程中意外停机后，相应备用泵组的自动投入功能。

(3) 测试切换前后和切换过程中系统的压力、流量的变化，测试切换时间。

7. 冷却系统调试

使泵站在加载工况、电磁溢流阀的调定压力下连续运行，直至油箱内的油温升高至 45℃左右（模拟）后油泵转入空载运转状态。开启水冷却系统降低油温。

(1) 使用临时水箱作为冷却系统的水源。

(2) 检测油温的变化。

(3) 水冷系统运转过程中应无异常振动、噪声和漏水现象。

(4) 油温应有明显降低，测试并调整降温速率以符合设计要求。

8. 手动泵功能试验

系统断电下进行试验。关闭主油路常开球阀、操作手动泵，检查压力上升情况，调整溢流阀压力至设计值，然后打开手动泵出口常闭球阀。

手动泵操作顶紧油缸动作：手动操作电磁换向阀的手动操作推杆，操作手动泵，使相应顶紧油缸推出或缩回 10mm。

手动泵功能试验完后，恢复各球阀正常状态，即关闭手动泵控制回路中的常闭球阀，打开正常控制回路中的常开球阀。

9. 油泵电机轮流切换运行调试

模拟触发各机构运行，启动油泵电机，上、下游泵站的 2 台大流量油泵电机应轮流启动，切换运行。

（三）工程案例

以构皮滩第二级升船机承船厢液压泵站为例进行阐述，其液压系统原理如图 4-2 所示。该泵站设置了 2 套大流量电机泵，一用一备互为备用，根据不同机构、装置所需工作压力不同，可以进行高、低压切换。泵站设计了 2 套加热器、1 套风冷却器、循环过滤系统。泵站设置了高压过滤器和回油过滤器，采用旁通式并设置滤芯阻塞报警电信号。油箱上还设置有液位计、液温计、除湿空气滤清器、油温传感器、压力传感器、压力继电器、压力表等设备。同时，传感器具备油位上下限报警、油温上下限报警功能，并可以提供 4～20mA 信号供 PLC 接收数据和显示屏实时显示状态。液压泵站还设置了手动油泵及相应的手动阀，以便于系统维护。

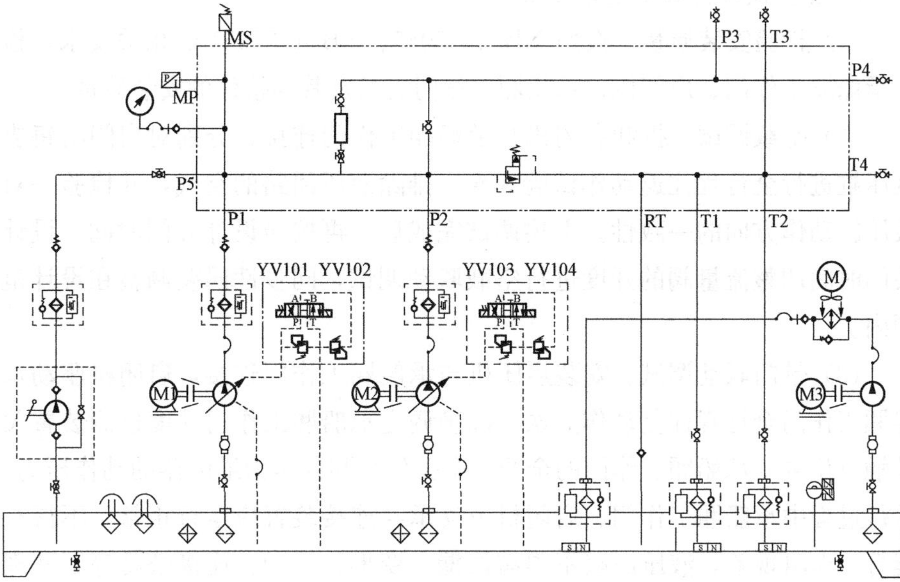

图 4-2 升船机承船厢泵站液压系统原理图

三、承船厢工作门调试

承船厢工作门布置在承船厢的两端头，与船厢结构共同构成盛水结构，形成通航的湿运条件。承船厢工作门为露顶卧倒式平板门，挡水面板、止水及支承布置在外侧，2 个支铰设在门的下部。承船厢工作门启闭时绕支铰轴转动，开启后卧倒于承船厢头部的门龛内，工作门面板与承船厢底铺板齐平，关闭后工作门门顶与承船厢甲板齐平。

1. 参试设备

承船厢工作门及其液压启闭机、液压控制阀组、液压泵站、检测与电气控制装置等。

2. 调试条件

(1) 承船厢悬挂在空中，且承船厢内无水。

(2) 承船厢工作门及启闭机已安装就位。

(3) 启闭机控制阀组、管路等已可靠连接。

(4) 检测及电气控制装置已完成调试。

3. 主要试验内容与技术要求

(1) 检验安装质量。按照 NB/T 35045、NB/T 35051 的相关要求，检验承船厢工作门、启闭机、承船厢工作门支承及其连接件的安装质量。

(2) 空载调试。拆卸启闭机与承船厢工作门连接，分别对启闭机每支液压缸进行全行程往返动作试验 3 次，排除液压回路的空气，并检验一对液压缸动作方向的一致性。上述调试完成后，再按照设计开门时间、设计关门时间调整流量阀的开度进行空载联动调试，同步性误差调整在设计范围内。

(3) 带门联动调试。安装启闭机与承船厢工作门连接，启闭机驱动承船厢工作门全行程往复动作 3 次。准确调定承船厢工作门开度检测装置关键触点位置（承船厢工作门的全开、全关位）和各压力继电器的动作压力。运行过程中承船厢工作门、启闭机及支承与连接装置应运行正常，不得有爬行、卡阻现象，液压回路不得有渗漏、变形、振动、连接松动等不利现象，并检验开门时间、关门时间满足设计要求。

(4) 同步纠偏功能调试。在承船厢工作门全行程动作运行过程中，检测承船厢工作门左、右油缸的位移偏差，整定纠偏参数，保证承船厢工作门全行程运行过程中 2 支油缸的位移偏差在设计要求范围内。控制方法：承船厢工作门 2 支油缸位移偏差控制采用 PI 控制器调节控制，以其中一支油缸作为主动油缸，另一支油缸作为从动油缸，主动油缸的速度根据开门时间及关门时间的要求，设置固定的比例阀开度，2 支油缸的实时位移偏差作为输入，通过 PI 控制器计算后输出从动油缸的比例阀开度，从而调节从动油缸的运行速度，减少 2 支油缸间的位移偏差，以从动油缸的位移作为反馈与主动油缸的位移进行比较，更新实时 2 支油缸位移偏差，继续进行同步纠偏控制，直至偏差在设计许可范围内。承船厢工作门同步纠偏控制原理如图 4-3 所示。

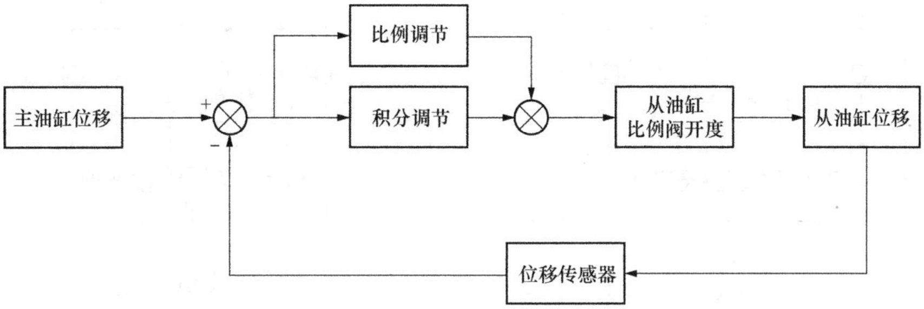

图 4-3　同步纠偏控制原理框图

4. 工程案例

以构皮滩第二级升船机承船厢卧倒门液压系统为例进行阐述，其液压系统原理如图 4-4 所示。通过电磁换向阀切换油缸启闭，每扇门均采用比例调速控制，保证启闭油缸同步运行，在全行程内任一位置的不同步误差不大于 5mm。油缸两腔油口均设平衡阀，以避免关闭的闸门因自重而开启。闸门开度由开度仪检测，行程终点位置由行程开关控制。同时于油缸两腔设置溢流安全阀，保护油缸不超压使用，设置压力继电器作为油缸超压报警。启闭卧倒门只需启动一个电机泵，动作逻辑详见表 4-4。

表 4-4　　升船机承船厢卧倒门动作表

工况	电机		比例溢流阀		电磁阀					
	M1	M2	BT101	BT102	YV 101	YV 103	YV 105	YV 106	YV 107	YV 108
启门	+	(+)	↗	↗	+	(+)	+	−	+	−
闭门	+	(+)	↗	↗	+	(+)	−	+	−	+

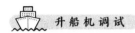

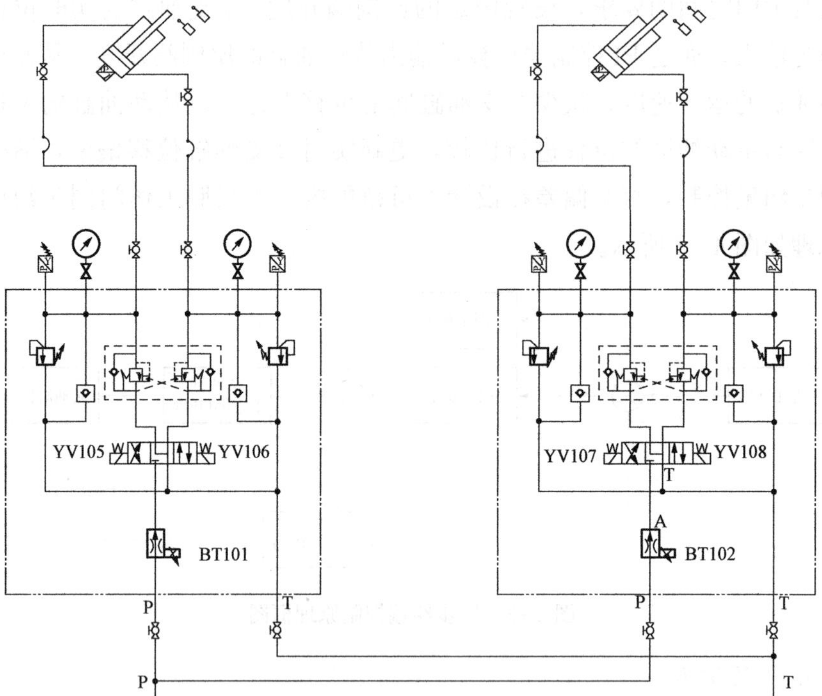

图 4-4 升船机承船厢卧倒门液压系统原理图

四、承船厢防撞装置调试

承船厢防撞装置共 2 套，分别布置在承船厢两端工作门的内侧，用于阻挡失速的上行船只撞击承船厢工作门。防撞装置包括 1 根钢结构防撞梁和 2 套驱动装置。驱动装置由滑轮组、钢丝绳及驱动油缸等部件组成。

防撞梁两端各由 2 根钢丝绳悬吊，钢丝绳绕过滑轮组后固定在承船厢主纵梁内腔的上翼缘上，定滑轮安装在主纵梁的走道板上，动滑轮与油缸的活塞杆铰接，缸体中部与承船厢主纵梁结构固接。下行船只过船时，防撞梁由油缸驱动沿导向槽下降至卧倒工作门门龛内，承船厢工作门关闭后，防撞梁提升至设定位置。

1. 参试设备

防撞梁、滑轮组、钢丝绳、驱动油缸、液压泵站、检测与控制装置等。

2. 调试条件

（1）防撞梁、滑轮组、钢丝绳、驱动油缸等均安装就位，各部位连接可靠，经检测安装质量满足设计要求。

（2）防撞梁已通过平衡试验对重心进行了调整，静止悬吊状态下防撞梁各方向均无偏斜。

（3）各转动轴承已经加注了符合要求的润滑脂。

（4）控制阀组、管路与油缸可靠连接；检测及电气控制装置已经完成调试。

（5）液压回路内的空气已经排除。

3. 主要调试内容与技术要求

（1）按照防撞梁全行程设计推出（防撞梁开启）时间、设计退回（防撞梁关闭）时间，准确调整相关流量阀开度。

（2）防撞梁在导槽内全行程往复运行 3 次，调定防撞梁上、下限位开关位置。调整压紧到位压力继电器和溢流阀的动作压力。

（3）检验防撞梁同步纠偏功能：可通过人为制造偏差的方法，检验控制回路是否有预期的同步纠偏功能。防撞梁同步纠偏功能的调试内容可参见承船厢工作门同步纠偏功能调试。

4. 工程案例

以构皮滩第二级升船机承船厢防撞装置液压系统为例进行阐述，其液压系统原理如图 4-5 所示。通过电磁换向阀控制防撞梁油缸升起和落下，通过比例流量控制阀对油缸进行同步控制，保证油缸升、降同步且全行程内最大同步误差满足技术要求。油缸两腔均设置安全阀，当油缸载荷超过最大持住力时，安全阀开启，确保油缸不超压使用。防撞梁只需启动一个电机泵，动作逻辑详见表 4-5。

表 4-5　　升船机承船厢防撞梁动作表

工况	电机		比例溢流阀		电磁阀					
	M1	M2	BT103	BT104	YV 102	YV 104	YV 109	YV 110	YV 111	YV 112
升起	+	(+)	↗	↗	+	(+)	−	+	−	+
下降	+	(+)	↗	↗	+	(+)	+	−	+	−

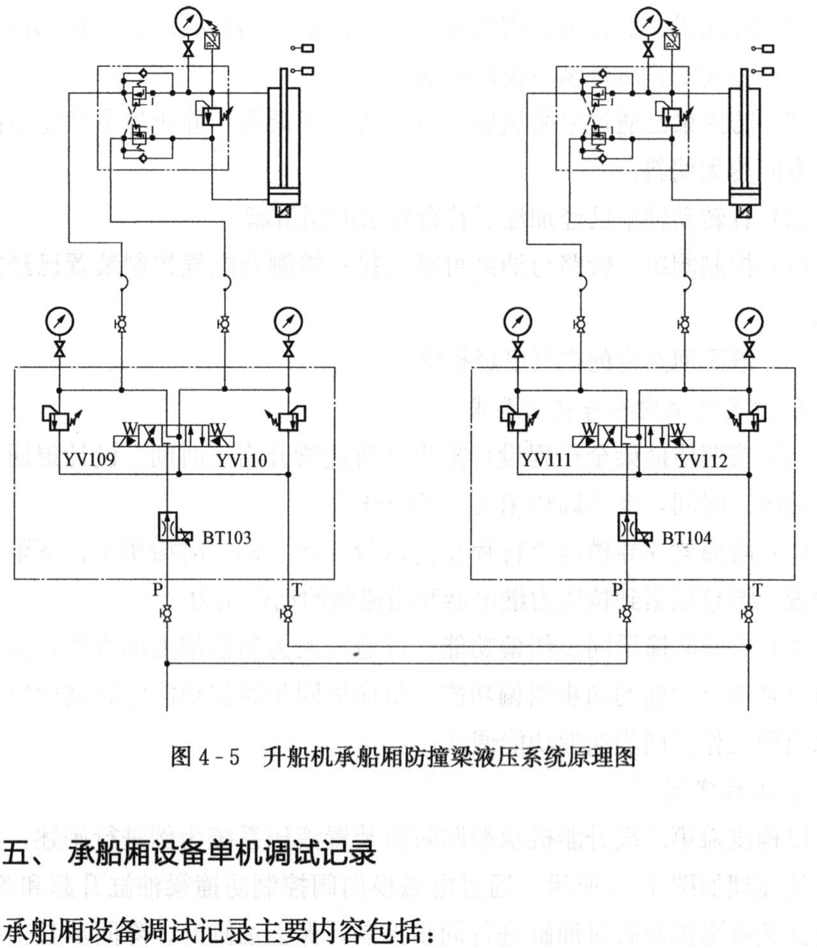

图 4-5 升船机承船厢防撞梁液压系统原理图

五、 承船厢设备单机调试记录

承船厢设备调试记录主要内容包括：

(1) 承船厢液压系统功能试验。

(2) 承船厢液压系统压力阀、压力继电器参数整定。

(3) 承船厢工作门启闭性能（启闭时间、同步性能、自动纠偏性能）。

(4) 承船厢工作门检测位置、压力调整。

(5) 承船厢防撞装置升降运行性能（升降时间、同步性能、自动纠偏性能）。

(6) 承船厢防撞装置检测位置、压力调整。

(7) 承船厢夹紧机构油缸动作时间及同步性能。

(8) 承船厢夹紧机构保压、泄压性能检测。

(9) 承船厢夹紧机构检测位置、压力调整。

(10) 承船厢控制站接口与通电检查。

(11) 承船厢控制站操作与运行功能调试。

(12) 承船厢控制站模拟故障调试。

(13) 承船厢控制站故障保护与参数整定。

第三节　闸　首　设　备

升船机闸首设备一般包括上游闸首设备和下游闸首设备。上、下游闸首设备一般均包括闸首控制站、闸首液压系统、闸首工作大门及启闭机、闸首通航工作门及启闭机、闸首防撞装置、检修闸门与启闭机、通航信号灯以及水位检测、航道船舶检测等，而入水式垂直升船机下闸首设备仅包括下闸首检修门与启闭机、下游水位检测等。

一、闸首控制站调试

闸首控制站主要实现闸首工作门控制、对接密封框控制、充泄水系统控制、航道水位检测、航道船舶探测、通航信号灯边界灯以及中心灯等的控制。

1. 电气接口检查

电气接口检查是指盘柜与外部检测设备、执行机构和负载之间的动力供电接口、控制信号接口、网络通信接口等的正确性、可靠性检查，以及线间绝缘耐压检测。

(1) 检查盘柜间电缆电气连接的正确性与可靠性。

(2) 检查盘柜保护地和信号地电气连接的正确性与可靠性。

(3) 检查盘柜与动力供电进线连接的正确性与可靠性。

(4) 检查盘柜与电动机、交通信号灯、中心灯、边界灯等执行机构电气连接的正确性与可靠性。

(5) 检查控制柜与外部检测设备电气连接的正确性与可靠性。

(6) 检查控制柜对主提升硬连接回路电气连接的正确性与可靠性。

(7) 检查网络通信接口连接的正确性与可靠性。

(8) 用500V绝缘电阻表测量盘柜交流、直流回路对地绝缘电阻应不小于1MΩ。

2. 设备通电检查

设备通电检查是指交/直流控制电源、PLC、航道压力式水位计、航道船舶探测装置等设备的通电正常工作检查。

3. 柜面显示检查

柜面显示检查是指柜面运行信号、状态信号、故障信号的信号灯显示和数字显示等的正确性、稳定性检查。

4. 操作及运行功能调试

(1) 运行方式手动转换控制。系统通电调试合格后才允许进行现地手动控制功能调试。将系统被控设备操作切换开关掷到“现地手动”位置，手动操作各相应操作器件，观测与各相应被控设备的动作器件（如继电器、接触器）或模拟器件（如指示灯）状态变化，确认其变化正常。

(2) 执行机构空载调试。具体调试内容如下：

1) 在完成上述调试、调整的基础上，进行执行机构动作控制功能空载调试；带电进行执行机构（包括油泵电机、电动蝶阀、水泵、交通灯信号灯等）的动作检查。

2) 采用点动方式检查电机旋转方向，如果电机转向不对，则应该调换电机接线的相序。

3) 电机试运行。电机旋转方向正确后启动电机，密切监视电机启动电流和工作电流均应在正常范围之内。

4) 机械设备调试动作前，应清理机械设备动作区域内的杂物，动作时，应派技术人员在现场目击机械设备的动作过程，同时与操作人员密切配合，防止机械事故发生。

5) 完成空载调试后，可按操作与控制功能的要求，逐项进行带载调试，带电进行输出控制设备的动作检查（包括电机、通航信号灯、中心灯、边界灯等）。

(3) 泵站油加热器的手动/自动启、停控制。

（4）密封框推出、收回运行的手动控制。

（5）充泄水装置的充水、泄水运行手动控制（包括电动蝶阀、软启动器的控制）。

（6）“交通指挥灯”手动控制功能调试。点击闸首控制站上人机界面的闸首进闸交通灯、闸首进厢交通灯的按钮可以实现相应交通指挥的手动控制（对应接线端子上的电压应为交流 220V，相应的交通灯点亮）。

（7）“边界灯”手动控制功能调试。点击闸首控制站上人机界面的按钮操作边界灯可以实现相应边界灯的手动控制。

（8）现地检测信号的数据采集与处理。具体要求如下：

1）把检测设备的电气性能和机械性能调整到最佳状态。

2）对本站所有相关检测设备提供的开关量信号和模拟量等各种信号逐一核查，各种检测数据与实际值相符、准确、可靠性高、重复性好。

3）调试 PLC 有关程序使 PLC 内的控制数据与实际值的误差在允许范围之内。

4）调试上位机程序，使人机界面的显示数据与实际值的误差在允许范围之内。

（9）下游压力式水位计的电气性能调整。具体要求如下：

1）检查压力变送器安装是否满足要求，测定安装点标示精确到毫米。

2）检查压力变送器接线正确后，信号“零位”正常，即可投入使用。

3）当水位井中有水时，与水位线对照，在 PLC 控制柜人机界面显示器上观察压力变送器输出信号的大小。

（10）交通指挥灯的自动控制功能。调试交通指挥灯自动控制程序并实现能够根据工艺流程自动控制交通指挥灯的切换。

（11）密封框位置开关的安装及电气性能调整。

（12）间隙密封压力式水位计的电气性能调整。

（13）船舶探测装置的安装与电气性能调整。用手点动方式，将同一套探测装置的 2 个活动框架调到同一高度，然后用挡板隔断光电开关光路，观察是否有信号输出，反复 3 次，确认输出正确无误。

5. 故障保护功能调试

（1）直流 24V DC 电源故障保护。

（2）UPS电源故障保护。

（3）检查双电源自动互投装置的手动控制和自动切换功能正常。

（4）船舶探测装置故障测试。控制系统的船舶探测装置采用光电开关，使用不透光的物体遮住右岸的光电探头，应给出有船信号，当左、右两岸的电动浮子不同步或右岸的光电开关偏离左岸的反射板时，将失去船舶探测功能。

（5）液压泵站故障保护。

（6）密封框动作超时故障保护。当密封框推出/收回时间超过平均启/闭时间的2倍时，自动停止启/闭，并发出启闭超时报警信号。

（7）油泵电机主回路故障保护及保护参数整定。根据电动机的功率和额定工作电流调整热继电器的正定电流。

6. 主要技术要求

（1）设备动力部分和控制部分接通电源后工作正常，信号显示正确、稳定，无报警信号发生。

（2）现地检测装置与现地控制站之间的信号连接正确、畅通。

（3）现地检测装置的电气及机械性能调整到最佳，各种检测数据与实际数据相符。

（4）控制功能、动作闭锁条件、保护功能均满足总体设计的要求。

（5）电气设备保护参数整定正确。

（6）机—电设备之间配合正常。

二、 闸首液压系统调试

闸首液压系统由液压泵站、控制阀组与缸旁阀组、管路系统及专用工具等设备组成。液压泵站布置在闸首钢结构空腔内，各执行机构的控制阀组在执行机构旁就近布置。液压泵站与控制阀组间以及控制阀组与执行机构间由管路系统相连接。闸首液压系统调试主要包括以下方面。

1. 油泵正常启停试验

闸首控制站处于现地手动模式下，分别启动各油泵电机，同时各泵组对应的电磁溢流阀接电，油泵空载启动；各泵组对应的电磁溢流阀断电，停止各油泵电机，油泵停止。

确认油泵启动、停止动作正确，运行显示正常，检测并记录系统压力值。

2. 冷却系统调试

模拟油箱内的油温升高至一定温度，开启液压系统冷却系统；油温下降至正常运行范围，冷却系统停止。

确认冷却系统启动、停止动作正确，运行显示正常。

3. 加热器调试

模拟油箱内的油温降低至一定温度，手动开启加热器；油温升高至正常范围，加热器自动停止。

4. 故障模拟试验

密封框、防撞梁运行时，模拟泵站油温、压力和液位故障，各机构停止动作。

三、闸首工作门启闭机调试

1. 调试前检查

(1) 所有电气及动力回路的接线应正确、整齐，有良好的绝缘和可靠的接地。

(2) 检查所有机械部件、连接部件和各种保护装置及润滑系统应符合要求。

(3) 用手转动制动轮，使卷筒旋转一圈，不得有卡阻现象。

(4) 钢丝绳起端固定牢靠，在卷筒和滑轮中缠绕应无交叉现象。

(5) 检查和调试制动器、载荷传动器以及高度指示装置。

2. 空载试运行

安装检查合格后，方可进行空载试运转，空载试运转要求起升机构全行程正反运行 3 次，并检查以下各项：

(1) 电动机运行平稳，三相电流平衡，电气设备控制可靠，无异常发热现象。

(2) 机构部件的运转平稳，无振动、冲击和其他异常现象。

(3) 所有电气保护装置，如限位行程保护、急停保护等，应动作准确、可靠。

（4）制动闸瓦应全部离开制动轮。

（5）钢丝绳不应与其他部件碰刮。

四、 闸首防撞装置调试

闸首防撞装置布置在钢闸首工作门的下游侧，用于阻挡失速的上行船只撞击下闸首工作门，包括 1 根钢结构防撞梁和 2 套驱动装置。驱动装置由滑轮组、钢丝绳及驱动油缸等部件组成。

防撞梁两端各由 2 根钢丝绳悬吊，钢丝绳绕过滑轮组后固定在钢闸首主纵梁内腔的上翼缘上，定滑轮安装在主纵梁的走道板上，动滑轮与油缸的活塞杆连接，油缸尾部与钢闸首结构铰接。过船时，防撞梁由油缸驱动沿导向槽下降至钢闸首航槽底铺板下的门龛内，工作门关闭后，防撞梁提升至设定位置。防撞梁的迎船面装设有橡胶块，避免与船只直接碰撞。

1. 参试设备

下闸首防撞梁、滑轮组、钢丝绳、驱动油缸、液压泵站、检测与控制装置等。

2. 调试条件

（1）防撞梁、滑轮组、钢丝绳、驱动油缸等均安装就位，各部位连接可靠，经检测安装质量满足设计要求。

（2）防撞梁已通过平衡试验对重心进行了调整，静止悬吊状态下防撞梁各方向均无偏斜。

（3）各转动轴承已经加注了符合要求的润滑脂。

（4）控制阀组、管路与油缸可靠连接，检测及电气控制装置已经完成调试。

（5）液压回路内的空气已经排除。

3. 试验内容

（1）启动闸首液压泵站运行，操作“防撞梁上升”，确认防撞梁上升动作正确，上升到位信号正确且显示正常；操作“防撞梁下降”，确认防撞梁下降动作正确，下降到位信号正确且显示正常。

（2）防撞梁在导槽内全行程往复运行 3 次，调定防撞梁上、下限位开关位置。调整压紧到位压力继电器和溢流阀的动作压力。

（3）调整流量阀的开度，使防撞梁运行时间、同步性满足设计要求。

（4）检验防撞梁同步纠偏功能：可通过人为制造偏差的方法，检验控制回路是否有预期的同步纠偏功能。防撞梁同步纠偏功能的调试内容可参见承船厢工作门同步纠偏功能调试。

第四节　对　接　装　置

升船机对接装置一般是指对接密封装置、充泄水装置、对接顶紧装置、对接锁定装置的总称。

对接顶紧装置、对接锁定装置分别对称布置在承船厢两侧。对于全平衡式垂直升船机，对接密封装置和充泄水装置一般布置在承船厢上、下游端机舱内；对于入水式垂直升船机，对接密封装置和充泄水装置则布置在闸首钢结构空腔内。

升船机对接装置的主要功能是使承船厢与闸首安全对接，实现承船厢和闸首航道水域连通，形成过船条件。

一、 对接密封装置调试

对接密封装置由U形框架结构、止水橡皮、蝶形弹簧组、驱动油缸及支座等组成。U形密封框的驱动油缸通过蝶形弹簧组作用于U形框架，U形架在厢头U形槽内沿导向滑块运动。驱动油缸一般由主动油缸和试压油缸组成。油缸活塞杆与蝶形弹簧组通过螺纹连接，缸体中部铰支。油缸支架与钢闸首底板焊接连接。油缸的主要作用是驱动框架在厢头U形槽内运动，并对U形框架施加压力，同时为蝶形弹簧组提供预紧力。

1. 参试设备

密封框、主动油缸、施压油缸、液压泵站、检测及控制装置等。

2. 调试条件

（1）密封框、止水橡皮、油缸、检测装置等均安装就位。

（2）下闸首控制站、液压系统已经完成调试。

(3) 控制阀组、管路与油缸可靠连接。

(4) 液压回路内的空气已经排除。

(5) 承船厢位于下闸首对接位。

3. 主要调试内容与要求

(1) 在主动缸不与密封框连接的情况下，按照密封框推出到位、退回到位设计时间，准确调整流量阀开度，并保证 4 套主动油缸的不同步误差小于 5%。

(2) 密封框按照推出、压紧、保压、泄载、退回的预定程序运行 3 次，调定推出、退回限位开关位置，调整压紧到位压力继电器和溢流阀的动作压力，调整压紧油缸与主动油缸动作的时序关系满足设计要求。

(3) 保压过程中（开小泵保压），检测各组油缸的压力变化。

(4) 测试泄载过程中各组油缸无杆腔的压力变化。

(5) 电液联调试验，检验密封框推出、压紧、保压、泄载、退回整个循环过程中时序控制符合设计要求。

(6) 密封框运动时不得有扭曲、卡阻、爬行、抖动、偏斜等现象；C 形橡胶板拐角部位的变形应平顺，不得有异常撕扯现象；各导轮与密封框应接触良好并灵活转动。

(7) 压紧后密封框端部的止水橡皮应与不锈钢止水板紧密接触，不得有缝隙。

4. 工程案例

以思林升船机承船厢对接密封装置液压系统为例进行阐述，其液压系统原理如图 4-6 所示。4 支主动驱动油缸液压采用比例调速阀，与位移传感器、PLC 控制器、接近开关、压力传感器组成位置/速度闭环控制系统，保证同步误差满足技术要求。

密封框工作流程如下：首先 4 支主动油缸驱动密封框推出，当推出压力达到预设数值及推出到位行程开关触发后判定密封框推出到位，之后 7 支施压油缸快速推出跟进，当施压油缸的推出压力达到预设数值及推出到位行程开关触发后判定施压油缸推出到位，最后 4 支主动驱动油缸和 7 支施压油缸一同对密封框施压，直至设定压力。密封过程中 11 个油缸由弹簧箱及液压油路保压，当系统由于泄漏等原因造成压力下降时，油泵启动进

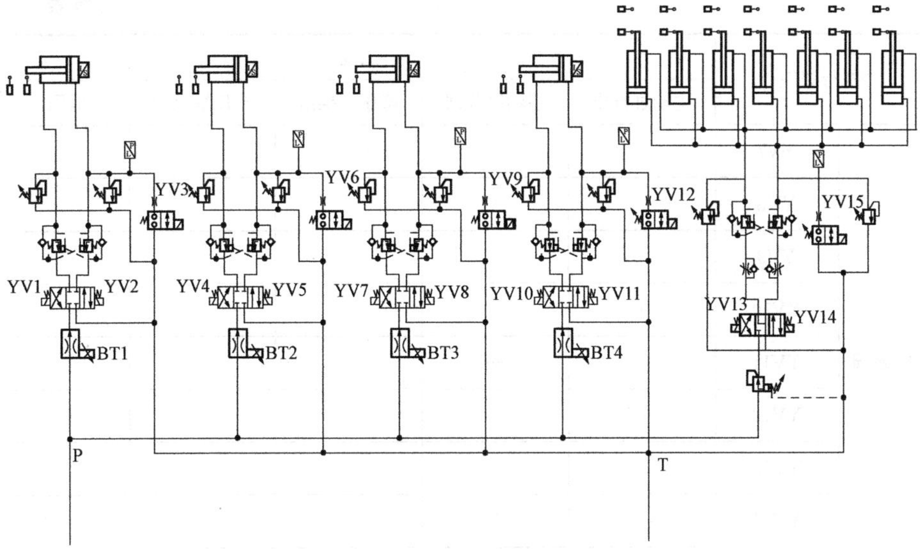

图 4-6　升船机密封框液压系统原理图

行补压。当升船机与闸首接触对接需要密封框退回，主动驱动油缸回路与施压油缸回路先泄压，然后 7 支施压油缸首先退回，4 支主动驱动油缸最后退回。密封框系统动作逻辑详见表 4-6。

表 4-6　　　　升船机密封框液压系统动作表

执行阀件		工况				
		主动缸推出	主动缸收回	施压缸推出	施压缸收回	泄压
比例调速阀	BT1	↗	↗			
	BT2	↗	↗			
	BT3	↗	↗			
	BT4	↗	↗			
电磁阀	YV1	+				
	YV2		+			
	YV3					+
	YV4					
	YV5		+			
	YV6					+

续表

执行阀件		工况				
		主动缸推出	主动缸收回	施压缸推出	施压缸收回	泄压
电磁阀	YV7	+				
	YV8		+			
	YV9					+
	YV10	+				
	YV11		+			
	YV12					+
	YV13			+		
	YV14				+	
	YV15					+

二、 充泄水装置调试

闸首间隙充泄水装置一般设有 2 套，正常运行时 2 套同时工作，亦可互为备用。主要设备包括可逆水泵—电机组、电动蝶阀（可手动）、手动闸阀、补排气阀、拆卸接头、管道、机架等。

（一） 调试条件

(1) 水泵、管路、阀门、检测装置等均安装就位。

(2) 下闸首控制站完成调试，并处于检修运行模式。

(3) 承船厢处于对接位置、对接密封装置完成单机调试并处于对接状态。

（二） 参试设备

水泵、管路、阀门、检测及控制装置等。

（三） 主要调试内容与要求

1. 电动蝶阀启闭试验

下闸首控制站处于检修模式下，分别对 1、2 号电动蝶阀发出开启和关闭信号，确认1、2号电动蝶阀开启、关闭动作正确，运行显示正常。

2. 充水试验

(1) 承船厢与下闸首工作门对接，间隙密封机构推出并压紧钢闸首止水板，夹紧机构处于工作状态。

(2) 开启相关充泄水水泵，使水流进入间隙，间隙水至设定水位时自动停止充水。

(3) 调定水深检测装置及阀门开始关闭时间。

(4) 分别进行2台水泵同时运行和单独运行试验。

3. 泄水试验

(1) 开启相关充泄水水泵，将间隙水抽入闸首渠道，直至间隙水全部泄空。

(2) 调定水深检测装置。

(3) 分别进行2台水泵同时运行和单独运行试验。

4. 故障模拟试验

在充泄水系统充泄水运行过程中，模拟急停故障、充泄水超时故障、软启动器故障、电动蝶阀故障，充泄水系统能够正常停止。

5. 试验要求

试验过程中对以下各项进行检查，满足下列要求：

(1) 可逆水泵组、阀门及管道的各连接处不得有漏水现象。

(2) 管道应支承牢固，可逆水泵组支座及可逆水泵与管道的连接应采取有效的减振措施，避免系统有大的振动和异常噪声。

(3) 密封框止水泄漏量满足NB/T 35045规范要求。

(4) 检测充水前后密封框对钢闸首变形的适应情况。

(5) 检查密封框驱动油缸的保压情况。

三、 对接顶紧装置调试

顶紧装置一般采用楔形块自锁式，主要由驱动油缸、楔形块、顶紧块、导轨、支架等组成。油缸竖向安装，缸体中部铰支，活塞杆与楔形块连接，推动楔形块在导槽内上、下运动，顶紧块在楔形块的驱动下水平运动，同时绕支臂的铰轴摆动。顶紧块靠斜面自锁承受承船厢的水平荷载，并将其传递至塔柱。

1. 调试条件

（1）顶紧装置安装完毕，安装精度达到设计要求。

（2）控制阀组、管路与顶紧装置油缸可靠连接。

（3）顶紧轨道安装完毕，安装精度符合技术要求。

（4）泵站进行了空载运行和压力试验，液压回路内的空气已经排除。

（5）承船厢停在与闸首对接位。

2. 主要调试内容与技术要求

（1）电控配合调试，启动泵站运行，检查转动或滑动件的动作应灵活、无卡阻现象。

（2）油缸往复运行、顶紧 3 次，准确调定退回限位开关位置和顶到位压力继电器的动作压力；油缸不得有爬行现象；按照油缸推出、退回设计时间调整流量阀的开度。

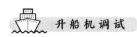

四、 对接锁定装置调试

承船厢夹紧机构共 4 套，分别对称布置在承船厢两侧，采用撑紧摩擦式对接锁定方式，每套机构由 4 只水平撑紧油缸、机架及支座等组成。

1. 参试设备

夹紧机构、夹紧控制阀组、液压泵站、承船厢控制站和检测装置等。

2. 调试条件

（1）夹紧装置安装完毕，安装精度达到设计要求。

（2）控制阀组、管路与夹紧装置油缸可靠连接。

（3）夹紧轨道安装完毕，安装精度符合技术要求。

（4）泵站进行了空载运行和压力试验。

（5）液压回路内的空气已经排除。

（6）承船厢在承船厢室内的位置和导承轮已经调定。

3. 主要调试内容与技术要求

（1）电控配合调试，启动泵站运行，检查转动或滑动件的动作应灵活、无卡阻现象。

（2）油缸往复运行、夹紧 3 次，准确调定退回限位开关位置和夹紧到位压力继电器的动作压力；油缸不得有爬行现象；按照油缸推出、退回设计时间调整流量阀的开度，并保证每套机构内油缸的同步性。

(3) 液压控制回路保压试验。油缸夹紧并达到设定压力后，泵站停机。控制回路由蓄能器保压 30min，检测保压期间油缸压力的变化。压力降低后，泵站应能及时自动启动、加压。夹紧后，摩擦片应与轨道面密切贴合，摩擦片和轨道面均不得有压痕或其他损伤，锁定装置与承船厢结构的连接不应有异常松动，结构不得有明显变形。

(4) 泄压试验。按照油缸压力在 30s 泄至零压的条件，设定比例溢流阀的压力曲线。油缸夹紧后，按照设定的压力曲线进行线性泄压，检测控制回路的压力变化，检验电气控制设备的工作性能。各套锁定装置同时动作和泄压，检测各机构油缸运行的同步性和泄压的同步性。泄压过程中，任意时刻各套回路的压力差不得大于 5%。

(5) 故障模拟试验。在锁定装置推出和收回过程中，模拟触发急停故障、夹紧推出和收回超时故障、压力继电器故障、锁定失效故障，锁定装置运行停止。

4. 对接锁定装置调试检测记录

(1) 对接锁定装置油缸动作时间及同步性检测记录表。

(2) 对接锁定装置保压、泄压检测记录表。

五、 工程案例

以构皮滩升船机承船厢对接锁定液压系统为例进行阐述，其液压系统原理如图 4-7 所示。夹紧油缸的推出和退回由电磁换向阀控制，在每组油缸无杆腔各设置调速阀，保证每套机构 2 对油缸的到位时间基本相同。在 2 对油缸到位后，通过加压阀对 4 只油缸同时施压并保证压力相等，设置溢流阀，确保最终压力值。同时，在施压侧设置压力继电器，当压力达到设置值时，确定为夹紧到位，退回到位由行程开关控制。系统设置有蓄能器，夹紧机构工作过程由蓄能器保压，当压力降至一定值后，压力继电器发讯，油泵重新启动直至设定压力。机构退出工作前，控制回路通过比例溢流阀先缓慢卸压，至一定压力后，油缸快速退回。同时保证机构泄压时的油压差在任一时刻不得大于 5%。快速退回时由调速阀保证油缸退回基

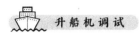

本同步。动作顺序如表 4-7 所示。

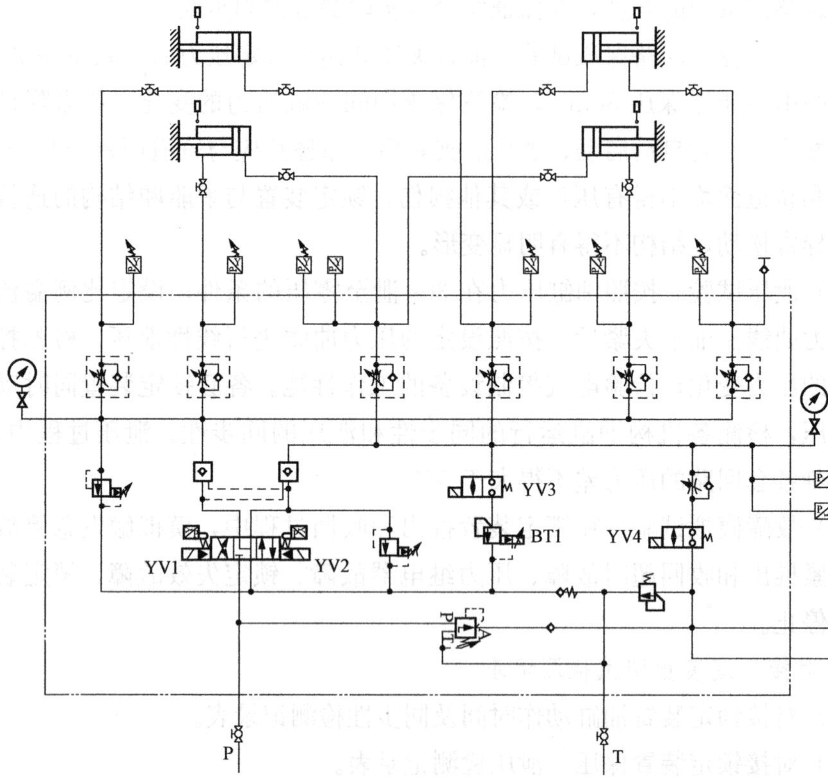

图 4-7　承船厢对接锁定液压系统原理图

表 4-7　　承船厢对接锁定液压系统动作表

工况	比例溢流阀	电磁阀			
	BT1	YV1	YV2	YV3	YV4
夹紧推出		+			
夹紧收回			+		
夹紧保压					+
夹紧补压				+	
夹紧泄压	↗			+	+

第五节　辅　助　设　备

一、平衡重锁定装置调试

平衡重锁定装置一般分为上锁定装置和下锁定装置，其设备组成与原理基本相同，调试内容也基本相同。

平衡重锁定装置由锁定梁、驱动油缸、液压千斤顶、调整板、电动油泵站等组成。锁定梁下部设有行走轮，千斤顶和调整板设在锁定梁上部，活动液压油泵站放置在锁定平台上。升船机运转时，锁定梁停放在锁定平台端部，需锁定平衡重时，通过驱动油缸推出，置于平衡重组安全梁的下方。

1. 主要调试内容

（1）手动操作驱动油缸推出锁定梁至工作位置，千斤顶置于锁定梁下方。泵站经高压胶管与千斤顶连接。

（2）千斤顶同步顶升锁定梁。

（3）手动操作驱动油缸收回锁定梁至初始位置。

2. 调试技术要求

以上动作试验重复做3次，重点检查、测试以下各项：

（1）千斤顶及各连接部位不得有渗漏油现象。

（2）泵站不得有异常噪声。

（3）每组千斤顶在全行程内的同步顶升误差不大于10mm。

（4）电气设备工作正常，无异常发热等现象。

（5）主提升控制站监测平衡重上锁定装置锁定梁位置检测信号应正确。

3. 主要调试记录

平衡重上锁定调试记录主要内容包括：

（1）液压泵站启停。

（2）驱动油缸运行时间、同步性能。

(3) 千斤顶运行时间、同步性能。

(4) 锁定梁检测位置整定与显示。

二、 承船厢锁定装置调试

全平衡式垂直升船机一般设置有承船厢上锁定装置和下锁定装置，入水式垂直升船机仅设有上锁定装置。

承船厢锁定装置由锁定梁、驱动油缸、液压千斤顶、电动液压泵站、调整板、埋件等组成。

1. 主要调试内容

(1) 手动操作驱动油缸推出锁定梁至工作位置，千斤顶置于承船厢锁定架下方。泵站经高压胶管与千斤顶连接。

(2) 千斤顶同步顶升锁定梁。

(3) 手动操作驱动油缸收回锁定梁至初始位置。

2. 主要技术要求

以上动作试验重复做 3 次，重点检查、测试以下各项：

(1) 千斤顶及各连接部位不得有渗漏油现象。

(2) 泵站不得有异常噪声。

(3) 每组千斤顶在全行程内的同步顶升误差不大于 10mm。

(4) 电气设备工作正常，无异常发热等现象。

(5) 主提升控制站监测平衡重上锁定装置位置检测信号应正确。

3. 主要调试记录

承船厢上锁定装置调试记录主要内容包括：

(1) 液压泵站启停。

(2) 驱动油缸运行时间、同步性能。

(3) 千斤顶运行时间、同步性能。

(4) 锁定梁检测位置整定与显示。

第五章

分系统调试

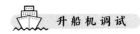

第一节　主提升系统空载调试

一、 参试设备

各套提升机构、同步轴、制动系统、供配电系统、主提升控制站、电气传动装置与相关检测装置等。

二、 调试目的

(1) 检验各套卷扬提升机构的同步运行功能。
(2) 检验各提升机构制动系统上闸、松闸的同步性与能力。
(3) 调试电气传动控制功能，使其达到设计要求。

三、 调试条件

(1) 除钢丝绳外，主提升系统的所有机械（同步轴需分部安装）、电气设备已安装完成并通过验收。

(2) 主提升系统设备稀油润滑站、干油润滑站、主提升机构、制动系统、主提升控制站完成单机调试。

四、 调试内容

1. 空载运行试验

(1) 同步轴断开状态，空载运行各套提升机构，确认提升机构运行方向的一致性和各电动机出力均衡性满足要求，润滑系统动作正确，运行过程正常。

(2) 连接同步轴，主拖动控制系统按照速度图控制模式，模拟承船厢在全行程正常升、降运行，确认主提升传动系统、润滑系统动作正确，运行过程正常。

正常启动：制动器系统远程控制状态下，电机启动预紧（主电机接通电源，并根据检测到的载荷方向施加反向力矩），工作制动器首先松闸，再根据本次运行实际载荷的大小与方向调整输出力矩，使卷扬提升机构的机械传动系统预紧，消除传动间隙，然后延时 1～2s 后安全制动器松闸，系统开始运行。

（3）模拟承船厢在全行程运行正常停机，确认工作制动器、安全制动器和电动机动作正确，制动过程正常。

正常停机：主电机进行电气制动，电机转速接近零速时工作制动器上闸，延时 2～5s 后安全制动器上闸，全部工作制动器的上闸时间应不大于 2s。

2. 快速停机动作试验

（1）模拟承船厢正常运行中，按“快速停机”按钮开关，主提升电气传动系统和制动系统应按照快速制动流程进行动作。

（2）模拟承船厢正常运行中，由上位机发出“快速停机”命令，主提升电气传动系统和制动系统应按照快速制动流程进行动作。

快速制动：制动器系统远程控制状态下，工作制动器、安全制动器松闸，在实施快速停机制动时，电动机不断电，并按照设计减速度或时间进行快速制动，电动机转速接近零时，工作制动器上闸，延时 2～5s 后，安全制动器全压上闸，其中，全部工作制动器的上闸时间应不大于 2s。

3. 紧急停机动作试验

（1）模拟承船厢正常运行中，按“紧急停机”按钮开关，主提升电气传动系统和安全制动系统按照应按照紧急制动流程进行动作。

（2）模拟承船厢正常运行中，由上位机发出“紧急停机”命令，主提升电气传动系统和安全制动系统应按照紧急制动流程进行动作。

紧急制动：制动器系统远程控制状态下，工作制动器、安全制动器松闸，在实施紧急停机制动时，工作制动器按照实时的运行条件（运行方向等），通过调整比例阀的设定压力线控制制动力，实现无级调压上闸，延时 2～3s 后，安全制动器全压上闸，其中，全部工作制动器的上闸时间应不大于 2s。

进行上述调试、试验时，主电机断开电源，并切除电机与制动器之间的闭锁。

4. 升船机上升与下降点动运行试验

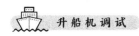

(1) 上位机命令主提升进入点动运行方式，设置点动行程并发点动上升命令；主提升将执行点动上行命令，上行设定行程后停止运行。

(2) 上位机命令主提升进入点动运行方式，设置点动行程并发点动下降命令；主提升将执行点动下行命令，下行设定行程后停止运行。

5. 制动器松闸失效试验

(1) 模拟承船厢升/降过程，将某一安全制动器松闸到位信号反馈去掉，系统应快速停机。

(2) 模拟承船厢升/降过程，将某一工作制动器松闸到位信号反馈去掉，系统应快速停机。

6. 电机或传动失效模拟试验

(1) 模拟承船厢升/降过程中，将1套传动断开（模拟1台从动电机突然故障停机或1台传动故障），承船厢应能继续完成本次运行。

(2) 模拟承船厢升/降过程中，将主传动电动机断开（模拟主动电机突然故障停机或传动故障），其中1台从动电机变为主动电机，实现主从自动切换，承船厢应能继续完成本次运行。

(3) 模拟承船厢升/降过程中，将2套传动断开（模拟1台电机突然故障停机或1台传动故障），主提升系统执行快速停机。

7. 断轴模拟试验

人为断开任一根传动同步轴，模拟承船厢升/降运行。

8. 模拟主机房动力电源故障调试

制动器系统远程控制状态下，工作制动器、安全制动器松闸，模拟主机房动力电源故障，断开安全制动系统电控柜电源，主提升系统应能执行紧急停机流程。

五、调试目标

(1) 调试和试验过程中主提升系统设备运转正常，不允许有振动、冲击、异常噪声、异常发热等现象。

(2) 检测并记录上述试验过程中的油压、油温、油位、工作制动器和安全制动器的上闸/松闸时间及上闸/松闸时间差、泵站噪声等主要性能参数，这些参数性能指标达到设计要求。

(3) 制动系统制动同步性与能力、电气传动控制功能满足设计要求。

六、工程案例

以构皮滩第三级升船机主提升传动故障模拟试验为例：构皮滩第三级升船机主提升传动系统有8套，当其中1套发生故障后，承船厢继续运行完本次行程后停机检修；当其中2套发生故障后，承船厢继续运行完本次行程后停机检修；当其中2套发生故障后，第3套传动发生故障，主提升机构紧急停机。

1. 单套传动系统故障退出试验

(1) 在主机房现地控制站触摸屏上设置系统运行参数，收到反馈值后在触摸屏上发承船厢运行命令，系统启动减速器稀油润滑站，工作制动器、安全制动器按时序先后松闸后，系统按给定速度图运行。

(2) 达到设定速度稳定运行后，依次模拟单套传动系统故障，见表5-1，电气主提升机传动系统应能继续运行。

表5-1　单套传动系统故障退出试验组合表

多重冗余运行组合	传动装置（变频器+电动机）							
	1号	2号	3号	4号	5号	6号	7号	8号
组合1	×	√	√	√	√	√	√	√
组合2	√	×	√	√	√	√	√	√
组合3	√	√	×	√	√	√	√	√
组合4	√	√	√	×	√	√	√	√
组合5	√	√	√	√	×	√	√	√
组合6	√	√	√	√	√	×	√	√
组合7	√	√	√	√	√	√	×	√
组合8	√	√	√	√	√	√	√	×

注　表中"√"表示传动装置处于工作状态，"×"则表示退出状态。

(3) 运行稳定后按正常停机命令停机或自动到位停机，恢复模拟故障的传动系统。

（4）记录上述试验过程中各主提升电机的速度、力矩等曲线。

2.2 套传动系统故障退出试验

（1）在主机房现地控制站触摸屏上设置系统运行参数，收到反馈值后在主机房现地控制站触摸屏上发承船厢运行命令，系统启动减速器稀油润滑站，工作制动器、安全制动器按时序先后松闸后，系统按给定速度图运行。

（2）达到设定速度稳定运行后，依次模拟 2 套交流变频传动系统故障，见表 5-2，电气主提升机传动系统应能继续运行。

（3）运行稳定后按停机命令停机或自动到位停机，恢复模拟故障的传动系统。

（4）记录上述试验过程中各主提升电机的速度、力矩等曲线。

表 5-2　　2 套传动系统故障退出试验组合表

多重冗余运行组合	传动装置（变频器＋电动机）								多重冗余运行组合	传动装置（变频器＋电动机）							
	1号	2号	3号	4号	5号	6号	7号	8号		1号	2号	3号	4号	5号	6号	7号	8号
组合 1	×	×	√	√	√	√	√	√	组合 15	√	√	×	√	×	√	√	√
组合 2	×	√	×	√	√	√	√	√	组合 16	√	√	×	√	√	×	√	√
组合 3	×	√	√	×	√	√	√	√	组合 17	√	√	×	√	√	√	×	√
组合 4	×	√	√	√	×	√	√	√	组合 18	√	√	×	√	√	√	√	×
组合 5	×	√	√	√	√	×	√	√	组合 19	√	√	√	×	×	√	√	√
组合 6	×	√	√	√	√	√	×	√	组合 20	√	√	√	×	√	×	√	√
组合 7	×	√	√	√	√	√	√	×	组合 21	√	√	√	×	√	√	×	√
组合 8	√	×	×	√	√	√	√	√	组合 22	√	√	√	×	√	√	√	×
组合 9	√	×	√	×	√	√	√	√	组合 23	√	√	√	√	×	×	√	√
组合 10	√	×	√	√	×	√	√	√	组合 24	√	√	√	√	×	√	×	√
组合 11	√	×	√	√	√	×	√	√	组合 25	√	√	√	√	×	√	√	×
组合 12	√	×	√	√	√	√	×	√	组合 26	√	√	√	√	√	×	×	√
组合 13	√	×	√	√	√	√	√	×	组合 27	√	√	√	√	√	×	√	×
组合 14	√	√	×	×	√	√	√	√	组合 28	√	√	√	√	√	√	×	×

注　表中“√”表示传动装置处于工作状态，“×”则表示退出状态。

3.3 套传动系统退出试验

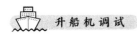

（1）在主机房现地控制站触摸屏上设置系统运行参数，收到反馈值后在

主机房现地控制站触摸屏上发承船厢运行命令，系统启动减速器稀油润滑站，工作制动器、安全制动器按时序先后松闸后，系统按给定速度图运行。

(2) 达到设定速度稳定运行后，模拟主、第一备用主传动系统故障，此时电气主提升机传动系统切除故障的传动系统交流变频器及对应的交流电动机，第二备用主传动系统转换为主传动系统，系统继续运行。

(3) 运行稳定后再次模拟第二备用主传动系统故障，系统紧急停机，恢复模拟故障的传动系统。

(4) 记录上述试验过程中各主提升电机的速度、力矩等曲线。

第二节 计算机监控系统调试

升船机计算机监控系统分系统调试以网络、上位监控主机为核心开展。对系统功能进行调试、调整、完善，对系统性能指标进行测试和优化。

一、网络调试

1. 网络结构

升船机监控系统为双层网：上位机之间的1000M以太网和上、下位之间的100M工业以太网。1000M以太网上有监控主机、网络服务器、数据库服务器、工程师站等节点；工业以太网上有监控主机、主提升现地控制子站、传动现地控制站、承船厢现地控制站A、承船厢现地控制B、上闸首现地控制站、下闸首现地控制子站等节点。

2. 网络调试项目

(1) 所有网络模块、光电转换器、网络交换机的接线、通电。

(2) 网络接口正确性测试。

(3) 网络通信速率测试。

(4) 网络吞吐量测试。

(5) 网络介质利用率测试。

(6) 网络时间延迟测试。

(7) 网络数据通信正确性、可靠性测试。

(8) 网络切换测试。

(9) 网络系统自诊断功能测试。

(10) 网络故障保护功能测试。

(11) 网络通信程序修改和调整。

二、 上位监控主机调试

1. 参试设备

两台上位监控主机。

2. 调试项目

(1) 硬件配置检查及通电检测。

(2) 系统软件配置检查。

(3) 单机构控制功能调试。

(4) 各机构动作超时故障保护功能测试。

(5) 升船机故障保护模拟功能调试。在上位监控主机增加若干按钮，模拟故障工况信号。按正常操作模式运行升船机运行程序，当接收到模拟故障工况信号时，系统将发出故障报警。

(6) 软、硬件接口关系正确性测试。

(7) 数据采集测试。

(8) 数据处理测试。

(9) 人机接口功能测试。

(10) 升船机控制画面调用测试。

(11) 实时、历史数据库管理功能测试。当升船机按流程运行时，打开一幅实时数据运行画面即可进行实时数据管理功能测试；当升船机按流程运行时，打开“历史数据管理程序”即可观察升船机运行历史数据，以此进行历史数据库管理功能测试。

(12) 报表管理及打印功能测试。

(13) 双机热备冗余功能测试。

(14) 历史数据及画面重显功能调试。

(15) 事故追忆功能测试。

（16）系统自诊断及故障报警功能测试。

（17）系统安全性测试。

三、网络服务器调试

1. 参试设备

用于升船机内部监控数据管理和对外系统通信的网络服务器。

2. 调试项目

（1）硬件配置检查及通电检测。

（2）系统软件配置检查。

（3）软、硬件接口关系正确性测试。从监控主机读入历史数据，进行检测。

（4）数据采集与解算功能测试。

（5）人机接口功能测试。

（6）历史数据库管理功能测试。

（7）报表管理及打印功能测试。

（8）网络通信功能测试。

（9）系统自诊断及故障报警功能测试。

（10）系统安全性测试。

（11）网络服务器程序调整和修改。

第三节　闸首工作门与启闭机联合运行试验

一、闸首工作门无水运行试验

1. 调试条件

（1）工作大门位于工作门槽内，所有设备已安装完毕，安装质量符合要求。重点进行以下项目的检查：

1）清除门槽内一切可能影响闸门运行的杂物。

2）支承轮与侧导向轮的转动应灵活、无卡阻，止水橡皮无损伤。

3）清除埋件不锈钢止水板上的黏连物，不锈钢面的平面度应满足设计要求。

4）检查止水橡皮的压缩状态，压缩量应符合设计要求。

5）在无水条件下进行闸门升降试验时，应对闸门的止水橡皮进行浇水润滑。

（2）下闸首由检修门挡水，工作门与检修门之间处于无水状态。

（3）启闭机已完成空载调试，机械、电气设备运转正常，调试结果满足设计要求。

（4）启闭机吊具已与工作大门可靠连接。

（5）下闸首控制站调试完毕，工作大门供电电缆及信号电缆已按要求敷设、连接。

2. 主要试验内容与要求

（1）工作门静平衡试验。静平衡试验在闸顶上方进行，工作门由启闭机悬吊，通过在门体结构内加设铸铁配重块调整工作门重心，使闸门在上、下游方向的倾斜度不超过门高的 1/1500。

（2）工作门升降运行试验。手动控制启闭机带工作门在门槽内全行程升、降各 3 次。检查以下各项：

1）启闭机应运转正常，无异常振动、噪声、发热及卡阻等现象，启闭机各零、部件不得有任何损坏，连接处不得有松动。

2）闸门升降应平稳，不得有任何卡阻，两吊点的高度差在全行程的任意位置均不得大于 10mm。

3）所有保护装置的信号应准确、可靠，控制功能准确，应无异常发热。

4）调整工作门高度检测装置，使之能准确反映闸门的实际位置，误差不大于±5%。

（3）工作门检修锁定试验。将工作门提出闸顶，由门槽两侧的锁定梁锁定，调整高度限位保护装置并检验工作门锁定装置位置信号与启闭机电气控制之间的闭锁关系。

二、 闸首工作门有水运行试验

1. 调试条件

(1) 下闸首工作门已完成无水运行试验，试验结果满足要求。

(2) 下闸首控制站、液压系统、对接密封装置已经完成调试。

(3) 下闸首工作门暂处于检修锁定位。

(4) 检修门处于工作挡水位。

(5) 承船厢载水并处于下游对接位，对接密封装置推出到位。

(6) 通过渠道注水泵向渠道充水，使水位高程达到设计值。

2. 主要试验内容与要求

从下闸首控制站人机界面操作工作门在门槽内全行程升、降运行各 3 次。重点检查以下各项：

(1) 工作门在水中运行时，启闭机应运转正常，无异常振动、噪声、发热及卡阻等现象，启闭机各零、部件不得有任何损坏，连接处不得有松动。

(2) 闸门在水中升降应平稳，不得有任何卡阻，两吊点的高度差在全行程的任意位置均不得大于 10mm。

(3) 进一步调整工作门高度检测装置。

三、 闸首工作门水封试验

1. 调试条件

(1) 闸首工作门已完成有水运行试验，试验结果满足要求。

(2) 闸首工作门、检修门处于工作挡水位。

(3) 承船厢与闸首处于对接位，对接密封装置推出到位。

(4) 充泄水装置已经完成调试。

2. 主要试验内容与要求

闸首控制站处于检修模式下，对充泄水装置进行泄水操作，直至间隙水泄完，然后收回对接密封框，检测工作门侧止水和底止水的泄漏量。NB/T 35045 规定通过任意 1m 长度止水范围内的泄漏量不得超过 0.1L/s。

第四节　广 播 系 统 调 试

广播系统主要调试内容包括：

（1）设备外观及系统连接检查。

（2）扩音、播音功能调试。打开网络寻呼麦克风，进行播音，观察各喇叭输出是否正常。

（3）音源切换功能调试。通过广播音频服务器，控制广播系统的音源接入通道，分别通过网络寻呼麦克风和分布在现地的寻呼麦克风以及上位机上的音源播放，观察各喇叭输出是否正常。

（4）播音音量、音频调试。通过各音源输出声音，通过广播音频服务器调节音量和音频输出，观察各喇叭输出情况。

（5）多媒体计算机音频信号采集调试。通过广播音频服务器采集各通道的音频信号，经处理后输出至各喇叭，观察各喇叭输出声音是否失真。

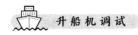

第五节　图 像 监 控 系 统 调 试

升船机图像监控系统主要调试内容包括：

（1）摄像头调试。通过视频管理平台软件配置各点位摄像头的参数，将摄像头对准监视区域，调节焦距以使图像达到最佳质量。

（2）防盗报警功能调试。打开图像监控系统的防盗报警功能，在各重要点位模拟偷盗行为，检测防盗报警功能成功率。

（3）监视器性能调试。将各摄像头画面上墙，调整监视器的灰度及RGB值使监视器画面不失真，图像色彩高度还原真实场景。

（4）摄像头远程控制调试。打开视频管理平台软件，对各摄像头逐一进行镜头缩放、云台调整测试，确保各摄像头镜头缩放功能正常，云台调整平滑流畅无卡阻。

（5）画面分割器功能调试。通过视频管理平台软件，对监视器画面进行1×1、2×2、3×3、4×4、5×5等画面矩阵组合进行上墙，观察监视器图像显示情况，确认所有画面组合上墙功能正常。

第六章

联合调试

第一节　入水式升船机承船厢升降试验

入水式升船机承船厢升降试验通常按照承船厢液压调平试验、承船厢首次提升试验、承船厢空中升降试验、承船厢出入水试验 4 个步骤依次进行试验。

一、承船厢液压调平试验

承船厢在进行首次调平试验之前，必须首先完成承船厢液压系统调平装置及其相关电气控制与检测装置的单机调试。如以后承船厢在运行过程中水平度超过设计值，可以按照本试验方法进行液压调平。

1. 参试设备

均衡液压缸、承船厢液压站及管路、供配电系统、承船厢控制站、钢丝绳、相关检测装置等。

2. 调试目的

（1）测试和检验承船厢调平装置、承船厢水平检测装置性能。

（2）均衡钢丝绳张力，将承船厢调平，挂装承船厢，为承船厢升降运行提供条件。

3. 调试条件

（1）承船厢未载水，漂浮在承船厢室水面之上或者位于承船厢室内承船厢检修平台。

（2）重力平衡重和转矩平衡重与承船厢未连接。

（3）主提升机处于制动状态。

（4）提升钢丝绳已安装，提升绳一端缠绕并固定在卷筒上，另一端与均衡油缸连接，每组提升绳的悬挂长度已初步调整为一致。

（5）承船厢液压站、承船厢控制站已完成相关单机调试。

（6）钢丝绳张力传感器、均衡液压缸行程检测传感器均整定完毕。

（7）均衡液压缸及其管路已完成排气。

（8）调平控制阀组、管路、调节螺杆等已经与均衡油缸可靠连接。

4. 调试内容

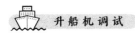

(1) 通过液压控制系统使各个吊点区内钢丝绳的张力尽可能均衡。

(2) 通过液压控制系统将承船厢调整为水平状态，承船厢甲板高程差不超过 30mm。

(3) 调平后，关闭油路的截止阀，将均衡油缸锁紧螺母锁紧。

5. 试验记录主要内容

(1) 均衡液压缸行程。

(2) 承船厢侧钢丝绳张力。

(3) 承船厢水平检测数据。

二、 承船厢首次提升试验

1. 参试设备

主提升系统、制动系统、空承船厢、钢丝绳、供配电系统、主提升控制站、电气传动系统以及相关检测装置等。

2. 调试目的

(1) 提升承船厢至上锁定位，高效挂装平衡重，完成平衡重的安装。

(2) 验证承船厢运行是否与土建存在干涉。

(3) 初步检验主提升系统的承载能力、控制性能、制动能力。

3. 调试条件

(1) 主提升系统已完成空载联合调试。

(2) 承船厢完成液压调平试验。

(3) 承船厢上极限位完成安装。

4. 试验流程

(1) 通过液压控制系统使各个吊点区内钢丝绳的张力均衡。

(2) 作初始标记，记录承船厢各项数据。

(3) 第一次以主提升电动机 10%的额定速度提升承船厢，使承船厢离开水面或离开拼装平台 500mm。

(4) 检查各监测点处情况，记录主提升和承船厢数据；检查承船厢结构与塔柱土建结构的相对位置；检查主提升设备地脚螺栓松紧程度。

(5) 第二次以主提升电动机 10%的额定速度下降承船厢 400mm。

(6) 第三次以主提升电动机10%的额定速度提升承船厢1000mm。

(7) 第四次以主提升电动机10%的额定速度下降承船厢1000mm。

(8) 第五次以主提升电动机10%的额定速度提升承船厢到指定位置。

5. 试验步骤

(1) 主提升电气操作人员启动稀油润滑站，启动制动器泵站，并加压到位。

(2) 主提升电气操作人员分步分别操作工作制动器或者安全制动器松闸、上闸（每次只能操作工作制动器或安全制动器的一种），主提升电气操作人员查看上闸、松闸信号是否正常。此试验进行3次。

(3) 按照试验流程，操作提升承船厢或下降承船厢，记录电机力矩、卷筒转动和承船厢水平情况。提升过程中，承船厢水平偏差控制在30mm范围之内，电机力矩偏差在设计范围之内。

(4) 试验完成后，制动器泵站泄压，关闭制动器管路所有分支球阀，保证制动器处于上闸状况无误，挂牌，关闭相关电气设备，停机。

6. 试验记录主要内容

(1) 主提升电机的电流、电压、转速、转矩。

(2) 同步轴扭矩。

(3) 承船厢运行实测位置、主提升运行位置检测记录。

(4) 承船厢水平检测数据。

(5) 制动系统工作性能测试记录（包含工作制动器与安全制动器上闸、松闸时间）。

(6) 减速器、润滑泵站、制动器液压站等设备的运转噪声。

(7) 液压系统管路及减速器箱体的密封性能。

(8) 轴承的润滑效果及温升，各轴承温升均不得高于60℃。

(9) 系统的振动与平稳性。

三、 承船厢加载空中升降试验

（一） 承船厢加载空中正常升降试验

1. 参试设备

主提升系统、承船厢、平衡重系统、主提升控制站与各检测装置等。

2. 调试目的

(1) 检验主提升机系统设备性能，确认各设备间的接口条件满足设计要求。

(2) 检验主提升机系统与制动系统的工作协调性。

(3) 检验主提升机系统与稀油润滑系统的工作协调性。

(4) 检验主提升机系统各机电设备运行的质量和性能。

(5) 检验和调整网络传输数据的正确性、可靠性、实时性。

(6) 检验和调整传动现地站动作的正确性、协调性、可靠性和实时性。

(7) 检验和调整传动设备运行控制的动作闭锁条件。

(8) 检验和调整传动设备故障保护功能的正确性、可靠性、完备性和实时性。

(9) 检查检测设备的适装性、配套完整性。

(10) 检查检测设备信号处理的正确性、测量精度。

(11) 检查检测设备信号远程传输能力。

(12) 检查检测设备的环境适应能力。

(13) 检查电气传动系统设计、制造、安装满足运行要求。

(14) 检查系统的安全性。

3. 调试条件

(1) 承船厢已完成液压调平，处于钢丝绳悬吊状态。

(2) 主提升系统已完成空载联合调试。

(3) 承船厢卧倒门完成无水调试。

(4) 主提升控制站、检测等已完成调试。

(5) 平衡重已完成挂装。

4. 试验前检查

(1) 外观检查承船厢密封情况，确保充水后不漏水。

(2) 检查轨道与设备有无干涉情况、设备地脚螺栓、油管路连接可靠。

(3) 检查整个主提升电气系统，确认电气系统供电正常，升船机各控制单元与控制站之间通信正常，各控制站无故障报警。

(4) 检查主提升设备、承船厢系统和平衡重系统，确认各参试设备完好，且无干涉、影响承船厢运行的阻碍物等。

(5) 检查平衡重与轨道间不得有任何干涉和碰擦。

(6) 检查所有设备安装情况。观察同步轴的连接状态，特别要求主提升制动系统工作正常、可靠。

5. 承船厢充水前调试

(1) 检查调试条件具备妥当，确认安全防护措施落实到位，准备工作妥当。

(2) 启动稀油润滑站，必要时启动加热器和风机，待预热完成。

(3) 启动制动系统，完成制动泵站建压。检查所有安全制动器管路阀门处于工作（开启）状态。

(4) 电气系统正常启停，分别对工作制动器及安全制动器进行 3 次松闸、上闸操作，检查制动系统工作是否正常。

(5) 启动主提升机设备，包括主提升电机、变频器。

(6) 主提升电机以 5% 的额定速度驱动承船厢下行（暂定行程 200mm），直至平衡重离开下锁定位，停机。

6. 承船厢升降试验流程

(1) 主提升电机以 5%的额定速度驱动承船厢下行 300mm。

(2) 主提升电机以 5%的额定速度驱动承船厢上行 300mm。

(3) 主提升电机以 5%的额定速度驱动承船厢下行 500mm。

(4) 主提升电机以 5%的额定速度驱动承船厢上行 500mm。

(5) 主提升电机以 5%的额定速度驱动承船厢下行 1000mm。

(6) 主提升电机以 5%的额定速度驱动承船厢再下行 1000mm。

(7) 主提升电机以 5%的额定速度驱动承船厢再下行 1000mm。

(8) 主提升电机以 5%的额定速度驱动承船厢下行至水面以上 1000mm。

(9) 主提升电机以 5%的额定速度驱动承船厢上行 400mm。

(10) 主提升电机以 10%的额定速度驱动承船厢上行 3000mm。

(11) 主提升电机以 25%的额定速度驱动承船厢上行 3000mm。

(12) 主提升电机以 50%的额定速度驱动承船厢上行 3000mm。

(13) 主提升电机以 100%的额定速度驱动承船厢上行至上锁定位。

(14) 主提升电机以 25%的额定速度驱动承船厢全行程运行一次。

(15) 主提升电机以 50%的额定速度驱动承船厢全行程运行一次。

(16) 主提升电机以100%的额定速度驱动承船厢全行程运行一次。

注：依次完成相应子流程后才进入下一子流程调试，对调试过程中出现的故障和问题及时进行处理并重复此流程调试工作。

7. 承船厢升降试验步骤

承船厢充水前调试完成后，对承船厢进行充水，按照试验流程依次对承船厢载水深按设计值的70%、85%、100%进行空中升降运行试验，试验步骤如下：

(1) 检查承船厢水平度，若误差超过技术要求，则需对承船厢进行调平操作。

(2) 启动稀油润滑站，必要时启动加热器和风机，待预热完成。

(3) 启动制动系统，完成制动泵站建压。检查所有安全制动器管路阀门处于工作（开启）状态。

(4) 按照试验流程，操作提升承船厢或下降承船厢，记录电动机力矩、卷筒转动和承船厢水平情况。提升过程中承船厢水平偏差控制在30mm范围之内，电机力矩偏差在设计范围之内。

(5) 试验完成后，制动器泵站泄压，关闭制动器管路所有分支球阀，保证制动器处于上闸状况无误，挂牌，停机。

（二）正常停机动作试验

承船厢在载水70%、85%、100%设计水深，并分别以50%、100%设计速度的匀速运行过程中，主提升系统按“正常停机”按钮开关进行正常停机试验，工作制动器、安全制动器应能按流程正常制动，复验主提升控制站与电气传动装置之间正常停机、快速停机的信号与动作配合。

（三）快速停机动作试验

承船厢在载水70%、85%、100%设计水深，并分别以50%、100%设计速度的匀速运行过程中，按“快速停机”按钮、由上位机发出“快速停机”命令分别进行快速停机试验，工作制动器、安全制动器应能按流程快速制动，复验主提升控制站与电气传动装置之间正常停机、快速停机的信号与动作配合。

（四）紧急停机动作试验

由于入水式垂直升船机承船厢侧与平衡重侧载荷偏差比较大，以构皮滩第一级500t级入水式钢丝绳卷扬提升垂直升船机为例，承船厢重3250t（含设计水体重量），平衡重重量2250t，再加上两侧钢丝绳重量差，承船厢侧与平衡重侧载荷偏差最大约达12000kN。在这种情况下，做紧急停机试验，存在巨大风险，建议承船厢在载水70%设计水深（此时承船厢侧与平衡重侧重量大致相当），以50%～85%设计速度的匀速运行情况下做紧急停机试验：按“紧急停机”按钮进行紧急停机试验，工作制动器、安全制动器应能按流程紧急停机，复验主提升控制站与电气传动装置之间正常停机、快速停机的信号与动作配合。

（五）1套电气传动装置失效试验

主提升系统运行过程中1套从传动装置失效，主从机应能无扰切换，负荷应自动地在正常工作的其余各套交流传动装置中重新分配，系统仍能保证出力均衡，转矩差满足设计要求。承船厢在空中全行程正常升、降各1次，其速度图、加速度图应符合设计要求。

四、承船厢出入水试验

1. 主要参试设备

（1）主提升系统、主提升控制站、电气传动装置及相关检测装置。

（2）承船厢、钢丝绳及平衡重系统。

2. 调试的目的

（1）检验承船厢出、入水过程承船厢室水力学条件良好，承船厢补、排气顺畅，水面平稳，承船厢状态稳定。

（2）验证主提升机和平衡重系统等设备技术性能与参数是否满足设计要求。

（3）检验主提升系统运转程序、闭锁关系等达到设计要求。

3. 调试应具备的条件

（1）下闸首检修闸门已提出门槽。

（2）装水承船厢位于水面以上。

（3）载水承船厢已完成空中升降运行试验。

（4）相关控制、检测设备已完成调试。

4. 调试内容及流程

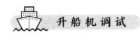

(1) 主提升系统驱动承船厢按照设定的速度入水。

(2) 承船厢运行到对接位（承船厢水位与承船厢室水位相差在±30mm范围内）停止运行，对接锁定装置、顶紧装置不投入使用[15]。

(3) 主提升机驱动承船厢按照设定的速度出水，待承船厢全部离开水面停止运行。

5. 试验步骤

(1) 第一步：启动稀油润滑站，必要时启动加热器和风机，待预热完成。同时启动制动系统，完成制动泵站建压。检查所有安全制动器管路阀门处于工作（开启）状态。启动主提升机控制站、传动站，包括主提升电机、变频器、PLC，检查通信是否正常。

(2) 第二步：结合库区当日的水位高程，在主提升控制柜面板上设置承船厢运行速度，并设定运行距离，目标位为承船厢水位距承船厢室水位之上约5000mm。

(3) 第三步：主提升机驱动承船厢运行至目标位。

(4) 第四步：设定承船厢入水速度为设计值的70%，承船厢以此初速度入水，直至承船厢水位与承船厢室水位相差在±30mm范围内自动停止运行。

(5) 第五步：按照此前设定速度，驱动承船厢提至水面之上约5000mm。

(6) 第六步：设定承船厢入水速度为设计值的100%，承船厢以此初速度入水，直至承船厢水位与承船厢室水位相差在±30mm范围内自动停止运行。

(7) 第七步：按照此前设定速度，驱动承船厢提至水面之上约5000mm。

6. 试验记录主要内容

承船厢出入水试验应观测承船厢池内水面波动情况，观测承船厢进气、排气情况，并实时记录如下数据曲线：

(1) 承船厢室水位高程。

(2) 承船厢运行距离。

(3) 承船厢侧钢丝绳张力。

(4) 主提升电动机的电流、电压、速度、转矩。

(5) 主提升同步轴转矩。

第二节 全平衡式升船机承船厢升降试验

全平衡式升船机承船厢升降试验通常按照承船厢液压调平试验、承船厢注水平衡试验、承船厢载水升降试验3个步骤依次进行试验。

一、 承船厢液压调平试验

全平衡式升船机承船厢在与钢丝绳挂装之前，应考虑钢丝绳在挂装前因无荷载其自由长度比设计工作长度减小的情况，所以需仔细核实承船厢现场拼装平台的高程，以确认钢丝绳在自由状态下能否挂装船厢，如不能挂装，可以考虑利用承船厢下锁定并配置垫块多次顶升空承船厢，直至能和钢丝绳连接。

空承船厢在进行首次调平试验之前，必须首先完成承船厢液压系统调平装置及其相关电气控制与检测装置的单机调试。如以后承船厢载水在运行过程中水平度超过设计值，可以按照本试验方法进行液压调平。

1. 参试设备

均衡液压缸、承船厢液压站及管路、供配电系统、承船厢控制站、钢丝绳、相关检测装置等。

2. 试验目的

(1) 检验液压调平系统，承船厢水平检测装置性能。

(2) 均衡提升钢丝绳张力，将承船厢调平，为承船厢升降运行提供条件。

3. 调试应具备的条件

(1) 承船厢无水处于承船厢室拼装位，由拼装平台支承。

(2) 主提升系统已完成空载调试。

(3) 工作制动器、安全制动器处于松闸状态。

(4) 提升钢丝绳已安装，提升绳一端缠绕并固定在卷筒上，另一端与均衡油缸连接，每组提升绳的悬挂长度已初步调整为一致。

(5) 转矩平衡绳一端缠绕并固定在卷筒上，另一端与转矩平衡重块连

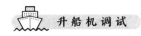

接，每组转矩绳的悬挂长度已初步调整为一致。

（6）平衡重组位于上锁定位，由上锁定装置支承。

（7）平衡链已经完成安装。

（8）除了对接锁定装置、顶紧装置外，承船厢设备已完成单机调试。

（9）相关电气控制设备完成调试，相关检测装置整定完毕。

（10）调平控制阀组、管路、调节螺杆等已经与均衡油缸可靠连接。

（11）均衡油缸锁紧螺母处于旋松状态，旋松距离满足调平要求。

4. 主要调试内容

（1）通过与均衡油缸活塞杆相连的调节螺杆，调节钢丝绳的松紧度及活塞位置，使提升绳张紧，使所有均衡油缸的活塞处于最高位。

（2）连通每组提升绳内均衡油缸的相同油腔，连通承船厢上下游端、左右对称布置的 8 组提升绳均衡油缸的相同油腔。

（3）通过液压控制系统向均衡油缸有杆腔充油，直至承船厢脱离拼装平台，通过调节每组均衡油缸的位移将承船厢调整为水平状态。

（4）承船厢水平度误差达到设计允许范围，并且承船厢全部脱离拼装平台后，泵站及控制系统停机，关闭缸旁截止阀。

（5）将均衡油缸锁紧螺母锁紧。

5. 调试目标

（1）通过液压调平装置将空承船厢由拼装初始状态调整为钢丝绳悬吊状态。

（2）通过液压调平装置将钢丝绳悬吊状态的承船厢调平，承船厢甲板高程差不超过 30mm 或不超过设计允许范围。

（3）通过液压调平装置均衡各组提升钢丝绳的张力，每组钢丝绳张力差不大于设计值或不大于 10%。

6. 试验记录主要内容

（1）均衡液压缸行程。

（2）承船厢侧钢丝绳张力。

（3）承船厢水平检测数据。

7. 工程案例

以构皮滩第二级升船机承船厢调平液压系统为例进行阐述，其液压系统原理如图 6-1 所示。

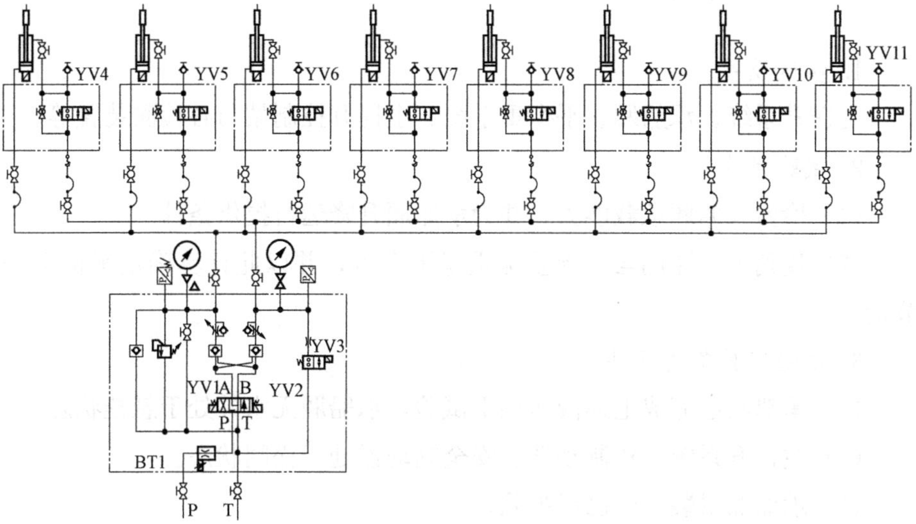

图 6-1　承船厢调平液压系统原理图

阀组设置高压手动球阀，在升船机运行时，油源与油缸断开；需调整时，承船厢位于下锁定位置，升船机停止运行后，打开手动球阀，即可操作。通过电磁切换可实现 8 只油缸并联及全部断开两种操作模式。通过电磁换向阀可以控制油缸拉紧和放松，保证调平后均衡缸的活塞位于行程中部附近，最大偏差不大于 100mm。同时，油缸有杆腔设置安全阀组，当钢丝绳张力过大时，安全阀开启，以保护油缸不超压。在换向阀进口设置流量调节阀，可以无级控制油缸进油量，并可根据承船厢的水平状态进行单独调节。调平液压系统逻辑动作如表 6-1 所示。

表 6-1　　承船厢调平液压系统动作表

工况	比例溢流阀	电磁阀										
	BT1	YV1	YV2	YV3	YV4	YV5	YV6	YV7	YV8	YV9	YV10	YV11
钢丝绳收紧	↗	+			+	+	+	+	+	+	+	+
钢丝绳放松	↗		+		+	+	+	+	+	+	+	+
快速放松	↗		+	+	+	+	+	+	+	+	+	+

二、承船厢注水平衡试验

1. 参试设备

主提升系统、承船厢、平衡重系统、主提升控制站与各检测装置等。

2. 试验目的

（1）检验承船厢承载能力，并为承船厢升降运行提供条件。

（2）找到承船厢侧与平衡重侧重量平衡点，并以此计算确定平衡重调节量。

3. 试验应具备的条件

（1）承船厢已完成上述液压调平试验，承船厢无水并处于悬挂状态。

（2）主提升系统工作制动器、安全制动器处于松闸状态。

（3）承船厢拼装平台已经拆除。

（4）承船厢工作门、防撞装置已完成调试。

（5）承船厢下锁定装置已完成调试。

4. 试验内容与步骤

（1）在下游引航道使用水泵或利用消防栓向承船厢内充水，并记录承船厢水深。

（2）在充水过程中，观察、记录承船厢下沉量、承船厢侧钢丝绳张力和平衡重是否脱离上锁定位，操作承船厢下锁定装置，使其与承船厢锁定梁距离保持在200～300mm，保障安全。

（3）当所有平衡重脱离上锁定位、承船厢向下滑动时，停止充水，记录此时承船厢水深 H_c，此时承船厢坐落在承船厢下锁定位。

（4）工作制动器、安全制动器上闸。

（5）根据此时承船厢水深 H_c 计算与设计值 H_s 的偏差 $\Delta H = H_s - H_c$，并推算相应的水体重量 ΔW，调整平衡重量 ΔW。

三、承船厢载水升降试验

全平衡式升船机承船厢载水升降试验项目一般包括首次提升试验、正常升降试验，在正常试验过程中进行正常停机试验、快速停机试验、紧急停机试验、1套电气传动装置失效试验。试验的参试设备、试验目的、试验流程和步骤具体内容参见本章第一节，此处只叙述试验的条件和要求。

（一）承船厢首次提升试验

1. 试验应具备的条件

（1）承船厢注水平衡试验已经完成。

（2）主提升系统已经完成空载调试。

（3）承船厢上、下极限位检测装置已经完成安装和调试。

2. 试验要求

（1）承船厢载有设计水深的水体。

（2）承船厢提升速度不宜超过设计速度的10%。

（3）承船厢提升过程中，需观察承船厢、平衡重与土建是否存在干涉，如存在干涉和异常情况，应紧急停机。

（二）承船厢正常升降试验

（1）承船厢以25%的设计运行速度进行全行程升降试验，在匀速段进行正常停机试验、快速停机试验、紧急停机试验和1套电气传动装置失效试验。

（2）承船厢以50%的设计运行速度进行全行程升降试验，在匀速段进行正常停机试验、快速停机试验、紧急停机试验和1套电气传动装置失效试验。

（3）承船厢以100%的设计运行速度进行全行程升降试验，在匀速段进行正常停机试验、快速停机试验、紧急停机试验和1套电气传动装置失效试验。

第三节 承船厢和闸首对接与解除对接试验

承船厢和闸首对接与解除对接试验涉及试验设备有计算机监控系统、承船厢（承船厢结构、承船厢工作门及启闭机、承船厢防撞装置）、闸首设备（闸首工作门及启闭机、闸首防撞装置）、对接装置（对接密封装置、间隙充泄水装置、对接锁定装置、顶紧装置）、承船厢与闸首液压系统以及相关检测装置等，其试验包括承船厢和闸首对接试验、承船厢和闸首解除对接试验。

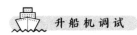

一、 承船厢和闸首对接试验

（一） 对接试验流程

承船厢停在闸首对接位置→推出顶紧机构，顶紧机构推出到位→推出对接密封框，对接密封框到位→推出对接锁定机构，对接锁定机构锁定到位→开启充泄水系统对密封间隙进行充水，间隙充水到位→降下闸首防撞梁，闸首防撞梁降到位；开启闸首通航工作门，闸首通航工作门开启到位→对承船厢内外水位进行判断，当水位差在允许范围内时→降下承船厢对接端防撞梁，上防撞梁下降到位→开启承船厢对接端工作门，承船厢工作门开启到位。

闸首通航工作门和承船厢工作门开启后，由于引航道水位变化，引起承船厢水位超过设计允许范围时，应立即进行解除对接，并对承船厢水深进行调整。

（二） 对接试验条件

（1） 闸首引航道由工作门挡水。

（2） 承船厢载有设计水深的水体，且承船厢水位与闸首引航道水位齐平。

（3） 对接顶紧、对接锁定、对接密封、间隙充泄水装置完成调试。

（4） 闸首工作门、防撞装置完成调试。

（5） 承船厢工作门、防撞装置完成调试。

（三） 主要试验内容与技术要求

1. 对接顶紧试验

启动承船厢液压泵站运行，操作“顶紧推出”，确认对接顶紧装置推出动作正确，推出到位信号正确且显示正常。

2. 对接锁定试验

启动承船厢液压泵站运行，操作“锁定”，确认锁定机构锁定动作正确，锁定到位信号正确且显示正常；锁定液压缸保压功能正常。

3. 对接密封试验

操作“密封框推出”，确认密封框推出动作正确，推出到位信号显示正常；密封框驱动液压缸保压功能正常。

4. 间隙充水试验

(1) 间隙充水试验应具备的条件：

1) 承船厢内装载标准水深的水体。

2) 承船厢位于闸首对接位。

3) 承船厢顶紧装置、锁定装置处于正常工作状态。

4) 对接密封装置处于工作状态，主动缸和施压缸均处于保压状态。

(2) 充水试验主要内容包括：

1) 闸首工作门处于关闭状态，承船厢工作门处于关闭状态。

2) 开启充水系统水泵和充水系统蝶阀，将水抽入间隙。

3) 间隙水至设定水位时自动停止水泵充水并关闭蝶阀。

5. 启门试验

(1) 降下闸首防撞梁，防撞梁降到位。

(2) 开启闸首通航工作门，闸首通航工作门开启到位。

(3) 降下承船厢对接端防撞梁，防撞梁降到位。

(4) 开启对接处承船厢工作门，承船厢工作门开启到位。

6. 对接试验检查与测试项目

(1) 结合闸首工作大门有水调试，根据通航工作门前后的水面波动情况和启闭机的启闭力，调整闸首通航工作门开启速度。

(2) 结合承船厢工作门有水调试，根据水涌情况，调整承船厢门的开门速度。

(3) 测试对接密封框止水时的泄漏量，并观测密封框驱动油缸的保压情况。

二、 承船厢和闸首解除对接试验

(一) 解除对接试验流程

关闭承船厢工作门，工作门关闭到位→升起承船厢防撞梁，防撞梁上升到位→判断承船厢内水深是否满足运行条件，当承船厢内水深超过设计范围时，开启充泄水系统对承船厢内进行泄水或者补水，直到满足承船厢水深条件；当承船厢内水深在设计范围内，则不进行调节→关闭闸首通航工作门，通航工作门关闭到位；升起闸首防撞梁，防撞梁上升到位→开启间隙充泄水系统对密封间隙进行泄水，间隙泄水到位→收回对接密封框，对接密封框收回到位→解锁对接锁定机构，对接锁定机构解锁到位→收回顶紧机构，顶紧机构收回到位。

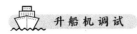

（二）主要试验内容与要求

1. 承船厢工作门有水闭门试验

（1）关闭对接处承船厢工作门，承船厢工作门关闭到位。

（2）升起承船厢对接端防撞梁，防撞梁上升到位。

2. 承船厢水深调节试验

（1）闸首通航工作门处于关闭状态，承船厢对接端工作门处于开启状态。

（2）增加承船厢水深试验：开启充泄水系统水泵和蝶阀，向承船厢供水，当承船厢水深增加到设定值，停止充泄水系统水泵并关闭蝶阀。

（3）减少承船厢水深试验：开启充泄水系统水泵和蝶阀，将承船厢水抽出，当承船厢水深减少到设定值，停止充泄水系统水泵并关闭蝶阀。

3. 闸首通航工作门有水闭门试验

（1）闭闸首通航工作门，通航工作门关闭到位。

（2）升起闸首防撞梁，防撞梁上升到位。

4. 间隙泄水试验

（1）闸首工作门处于关闭状态，承船厢工作门处于关闭状态。

（2）开启泄水系统水泵和泄水系统蝶阀，将间隙水抽出。

（3）间隙水泄空时停止泄水系统水泵并关闭蝶阀。

5. 对接密封退出试验

操作“密封框泄压、收回”，确认密封框泄压功能正常，收回动作正确，收回到位信号显示正常。

6. 对接锁定收回试验

操作“锁定机构泄压、收回”，确认锁定机构泄压功能正常，收回动作正确，收回到位信号正确且显示正常。

7. 对接顶紧收回试验

启动承船厢液压泵站运行，操作“顶紧收回”，确认顶紧机构收回动作正确，推出到位信号正确且显示正常。

第四节 计算机监控系统联合调试

计算机监控系统联合调试在载水无船情况下进行，目的是全面检验和考核升船机设备的设计、制造、安装质量、性能指标及运行流程的协调性、正确性、安全可靠性等，着重对计算机监控系统设备之间的协调控制、运行流程控制、闭锁与保护功能进行调试。根据实际工况，对应用程序中各系统设备的运行参数进行调整和率定，为升船机过船运行奠定基础。在系统“正常负荷”下通过联合调试使计算机监控系统性能指标满足下列要求。

（1）系统实时数据库采样及刷新时间不超过 1s。

（2）调用新画面的响应时间不超过 1s。

（3）在已显示的画面上，实时数据的刷新时间从实时数据库刷新后算起不超过 1s。

（4）执行命令发出到现地控制单元回答显示的时间不超过 2s。

（5）报警或事件产生到画面显示和发出音响的时间不超过 1s。

（6）所有控制功能程序块的执行周期最大均不超过 3s。

（7）双机热备切换保证实时任务不中断。

一、 检测装置信号复核与调试

1. 主要调试项目

在电气系统单机调试、分系统调试过程中，与现地机械设备、机构和控制系统紧密相关的检测项目已随控制设备进行了系统调试，在载水无船联合调试阶段中计算机监控系统仍需对下列检测装置进行信号复核与调试。

(1) 行程、位移及位置检测装置。具体包括下列内容：

1) 承船厢升降全行程检测（绝对型旋转编码器）。

2) 承船厢行程偏差检测（绝对型旋转编码器）。

3) 承船厢定位检测与自动停位找点装置。

4) 上、下闸首工作闸门和承船厢门开度、位置检测。

5) 各动作机构的位移、位置检测。

(2) 主提升系统同步轴扭矩。

(3) 液压系统的控制压力。

(4) 水位检测：上、下游航道水位信息检测，承船厢水深检测，间隙水深检测。

(5) 承船厢水平检测。

(6) 钢丝绳张力检测。

2. 主要检测、调试内容

(1) 传感器及二次检测仪表接线正确性、可靠性检验。

(2) 传感器安装位置调整。

(3) 传感器电气特性及可靠动作检测范围调整。

(4) 二次检测仪表检测范围率定、检测精度及灵敏度调整。

(5) 检测装置抗干扰性能测试。

3. 检测装置性能指标要求

(1) 载水无船联合调试阶段，应对升船机各种检测装置的检测范围、检测精度、灵敏度等指标进行测试和率定。

(2) 全部检测装置的检测信息，均应在运行中实时地通过各现地控制站、通信网络传送到监控主机中，并可在各现地控制站的可视操作面板和集中控制室的操作、显示装置上存储、记录和显示，需要时可调用、打印和查询。

二、监控主机、各现地控制站控制设备联合调试

载水无船联合调试前，应严格对计算机监控系统控制设备进行再检测和调试，使之满足总体技术要求对设备性能指标和控制功能的要求。

1. 调试项目

(1) 现地控制站设备运行状态、控制功能、运行参数和条件的调整与完善。

(2) 监控主机设备运行状态、控制功能、运行参数和条件的调整与完善。

(3) 上位监控主机后备单机构和后备过船工艺流程控制功能调试。

(4) 监控主机单机构和过船工艺流程控制功能调试。

(5) 网络性能测试与调整。

(6) 信号检测装置的安装位置、电气动作距离、二次仪表检测信号率定、灵敏度、精确度的调整。

2. 主要技术要求

(1) 各系统之间信号的连接正确、畅通，传输的数据可靠、正确、无误。

(2) 各系统承担的控制功能完整、动作协调，形成一个有机的整体。

(3) 机—电—液之间配合正常。

(4) 升船机过船流程动作可靠、正确，动作闭锁关系正确、合理。

(5) 现地检测装置的电气及机械性能调整到满足要求。

(6) 升船机故障保护应对正确、措施完备。

三、运行流程调试

(1) 运行方式（现地/单机构/集控）切换控制调试（闭锁及控制优先权）。

(2) 升船机单机构动作调试。

(3) 监控主机集控命令动作调试。

(4) 监控主机对主提升机集中控制功能调试。

(5) 承船厢上游端对接和对接解除动作流程调试。

(6) 承船厢下游端对接和对接解除动作流程调试。

(7) 升船机上行正常流程动作调试。

(8) 升船机下行正常流程动作调试。

(9) 升船机单向过船运行工况调试。

（10）升船机双向过船运行工况调试。

（11）升船机停航流程调试。

（12）升船机紧急保护流程和故障处理流程调试。

上述过船流程动作测试项目中包含各机构动作闭锁条件的测试。

四、 故障保护措施检测与调试

载水无船联合调试阶段，应结合机械设备调试对升船机电控系统安全可靠性、故障保护措施等进行全面、充分的检测和调试。

1. 电气传动及控制系统

（1）润滑系统故障保护措施调试（包括电机主回路保护、液压系统故障报警等）。

（2）制动器液压系统故障保护措施调试（包括制动器调压上闸、制动器上松闸不到位、闸皮磨损等）。

（3）紧急手操单元功能测试。

（4）系统设备掉电后故障应对措施调试。

（5）升船机运行时，电气传动装置 1 台、2 台退出工作后，升船机运行工况测试（2 台退出工作，升船机应快速停机）。

（6）升船机现地服务方式功能测试。

（7）现地、远程紧急停车命令功能测试。

（8）各种运行状态下，传动装置紧急停车信号发出后的故障应对措施调试。

（9）各种运行状态下，上松闸请求及反馈信号故障保护措施调试。

（10）传动装置控制电源双回路供电功能测试。

（11）极限位置保护功能测试。

（12）现地站直流、交流控制电源冗余功能测试。

（13）现地站双机热备及 I/O 冗余功能测试。

2. 监控主机

（1）双机热备功能及程序测试。

（2）计算机监控系统状态诊断及自诊断报警程序测试。

（3）访问权限及安全闭锁程序测试。

(4) 故障画面报警程序测试。

(5) 事件顺序记录程序测试。

(6) 故障确认及复位程序测试。

(7) 故障趋势分析程序测试。

(8) 事故操作指导画面测试。

(9) 报警画面测试。

(10) 专家提示功能测试。

(11) 故障报表显示及打印功能测试。

(12) 单机构控制和流程控制的动作闭锁条件测试。

3. 现地控制站

(1) 电机主回路保护功能调试。

(2) 液压系统故障保护功能调试(包括备用泵组的投入与切换)。

(3) PLC 双机热备及 I/O 冗余功能调试。

(4) 直流、交流控制电源热备功能测试。

(5) 闸首现地控制站运行功能测试。

(6) 间隙充泄水系统单套运行功能测试(有水联调时进行)。

(7) 机构动作超时保护功能测试。

(8) 系统恢复及报警解除控制功能测试。

(9) 站间硬闭锁保护控制功能测试。

(10) 误操作保护功能测试。

(11) 故障灯光显示及音响报警功能测试。

(12) 现场采集信号故障的保护功能测试。

4. 集控站

(1) 升船机安全状态运行程序功能调试。

(2) 升船机单机构、流程控制运行程序闭锁关系调试。

(3) 集控台紧急停机和紧急关门、事故制动器上闸命令功能测试。

(4) PLC 双机热备及 I/O 冗余功能调试。

(5) 直流、交流控制电源热备功能测试。

(6) 系统恢复及报警解除控制功能测试。

(7) 站间硬闭锁保护控制功能测试。

(8) 误操作保护功能测试。

(9) 机构动作超时保护功能测试。

5. 网络设备

(1) 2 个网络诊断功能测试。

(2) 现地工控双网无扰切换功能测试。

(3) 现地网络通信模块故障功能测试（交换机和 PLC 通信模块、单站和多站、单块和多块的不同故障工况）。

(4) 现地网络通信介质故障功能测试。

6. 辅机配电设备

(1) 上闸首现地站主回路柜双电源切换功能测试。

(2) 主电室配电柜双电源切换功能测试。

(3) 各 UPS 柜功能测试。

(4) 承船厢配电柜双电源切换功能测试。

(5) 集控室配电柜双电源切换功能测试。

7. 信号检测设备

(1) 同一检测信号同种检测装置之间的互校测试。

(2) 同一检测信号不同种检测装置之间的互校测试。

(3) 检测装置电磁兼容性测试。

8. 功能测试

(1) 控制系统功能测试。

(2) 图像监控系统功能测试。

(3) 广播系统自动语言功能调试。

第五节　图像监控系统、通航信号与广播系统联合调试

载水无船联合调试阶段，对图像监控系统和通航信号与广播指挥系统的调试项目及功能进行复检。

一、 通航信号和广播系统联合调试

通航信号和广播系统联合调试主要是调试升船机运行过程中通航指挥信号和广播功能的正确性和实时性。升船机联合运行时，通航指挥信号和广播系统接受监控主机的控制信息，根据升船机运行工艺进行通航指挥和自动广播。复查通航指挥信号和广播设备的显示或音响效果，检查不同广播喇叭之间的干扰性并进行调整。

二、 图像监控系统联合调试

图像监控系统联合调试主要是对系统设备集成的整体性能进行测试，对系统的协调性能、动作的灵敏度、正确性、可靠性、实时性进行检验和调整。

升船机联合运行时，图像监控系统采集监控主机的控制信息，根据升船机过船运行流程，控制相应摄像机并同步显示摄像画面。复查并调整图像监视设备的摄像、显示、录像效果。

三、 主要调试、 检验内容

（1）检验网络通信能力及通信的正确性。

（2）检验图像监控系统、通航信号和自动广播功能正确性和完善性。

（3）检查设备与元器件动作的正确性与可靠性。

（4）对图像监控系统、通航信号系统、广播系统的支持软件及应用软件进行检验。

（5）检查系统的电磁兼容性，保证系统在复杂的电磁干扰条件下能正确工作。

（6）与升船机计算机监控系统显示接口调试。

第六节　模拟过船试验

按升船机“通航初始化运行”“上行过船运行”“下行过船运行”及

"停航运行"流程，对升船机所有机械、电气设备进行调试试验。

同时按上行分步运行流程、上行手动运行流程、下行分步运行流程、下行手动运行流程对升船机所有机械、电气设备进行调试试验。

分别进行单向上行、单向下行和双向运行调试试验。

进行停航流程、紧急保护流程和故障处理流程试验。

通过上述项目的调试试验，全面检验和考核升船机设备的设计、制造、安装质量、性能指标及运行流程的协调性、正确性、安全可靠性等。同时，按设计要求最终调整设备的技术性能参数和安全闭锁关系，直至全面满足设计和实际运行要求，为升船机过船运行奠定基础。

第七章

实船试验

第一节 正常实船试验

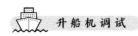

升船机的实船试验必须在模拟过船试验完成后进行，采用满载实船完成整个过船流程的通航试验，全面调试、检验、考核升船机设备、土建的性能、参数，检验和完善有水无船阶段交通灯、船舶探测装置、广播系统的功能是否满足有船情况下的使用，确保满足设计与运行要求，为升船机试运行做准备。

一、 试验目的

(1) 通过升船机满载过船试验，再次全面调试、检验升船机设备性能、参数，确保满足设计与运行要求。

(2) 通过满载过船试验考核、检验金属结构、机械设备及机电设备的性能及参数指标，以及升船机设备和各水工建筑物的水力学特性。全面测试并记录升船机运行的技术参数。

(3) 验证通航设施及与其有关的水工建筑物的设计、制造与安装质量，是否满足设计船舶满载情况下的通航条件。

(4) 收集通航船舶在满载情况下各环节所需时间，如升船机闸首对接、解除对接时间，升船机上行、下行动作时间等参数，为试运行提供参考。

(5) 测试升船机在船舶满载通过情况下，上、下游对接时对水位变化的要求。

(6) 验证连接段、口门区航道尺度在船舶满载通过情况下的适航性能及设计航线的实际效果。

(7) 在观察和测试的基础上，为修订通航管理办法、通航运行规程、过闸船舶航路及驾驶操作方法、配布航标方案等提供技术基础资料或参考。

(8) 检验各通航系统运行单元之间的协作关系是否顺畅。

二、 试验条件

(1) 参与试验的所有升船机金属结构、机械设备及电气设备均应安装、检验、验收完毕，所有设备均已完成各类调试试验并运行正常。

(2) 所有参与试验的设备均应检查完好，设备供电正常、可靠。升船机各机构的锁定装置处于正常状态。升船机各控制单元及集控与现地站之间通信正常。升船机闭锁条件满足。

(3) 上、下游航道水位、承船厢水深满足通航要求。

(4) 上、下游与闸首工作门对接过船时水位变幅应在许可范围内。

(5) 所有参与试验的人员均应完成与试验相关的培训、学习，熟悉各自的岗位职责。

(6) 所有安全防护设备、安全警示线、安全警示标牌均已设置完成。

三、 试验前的检查

(1) 检查上、下游引航道畅通，无影响船舶通行的阻碍物等。

(2) 升船机集控操作员站无影响运行的二类故障报警及三类故障报警信号。

(3) 升船机现地各闸首子站无影响运行的二类故障报警及三类故障报警信号。

(4) 检查升船机上、下闸首工作门关闭到位，上、下闸首检修门开启到位，上、下闸首工作大门于适合当前水头位置、通航工作门关闭到位、承船厢工作门关闭到位。

(5) 升船机各机构的锁定装置处于正常状态。

(6) 升船机各控制单元及集控与现地站之间通信正常。

(7) 检查上、下游航道水位、承船厢水深满足通航要求。

(8) 检查升船机在上、下游与闸首工作门对接过船时水位变幅在许可范围内。

四、 船舶上行试验

操作人员在集控室通过上位机进行有船上行自动流程试验，包括下游对接、船舶进厢、下游解除对接、承船厢上行、上游对接、船舶出厢和上游解除对接 7 个试验步骤。

1. 下游对接

全平衡升船机承船厢下游对接按照第六章第三节承船厢和闸首对接流程进行。下闸首通航工作门和承船厢工作门开启后，由于引航道水位变化，引起承船厢水位超过设计允许范围时，应立即进行解除对接，并对承船厢水深进行调整。

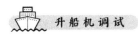

入水式升船机承船厢与下游水位对接时，降下承船厢下游端防撞梁，开启下游端承船厢工作门，如果由于下游水位变化，引起承船厢水位超过设计允许范围时，应点动升降承船厢，使承船厢水深满足设计要求。

2. 船舶进厢试验

下游信号灯绿灯亮，船舶驶入承船厢，船舶停靠并且完成系缆后，信号灯红灯亮，船舶进厢完成。

船舶进厢过程中航行速度不大于设计值，船舶不得碰触防撞梁，船舶底部不得接触承船厢底铺板。

3. 下游解除对接

全平衡升船机承船厢下游解除对接按照第六章第三节承船厢和闸首解除对接流程进行。

对于入水式升船机，船舶进厢停靠并且完成系缆后，关闭下游端承船厢工作门，再升起承船厢下游端防撞梁，完成承船厢与下游水位解除对接。

4. 承船厢上行

启动传动装置、制动泵站、稀油润滑站，各机构运行准备好→电机预加力矩，提升卷筒安全制动器松闸，电机继续预加力矩，工作制动器松闸，电机启动，承船厢上行→承船厢到达上游对接位置，工作制动器上闸，提升卷筒安全制动器上闸，传动装置、制动泵站、稀油润滑站停止运行。

5. 承船厢与上游闸首对接

按照第六章第三节承船厢和闸首对接流程进行。当承船厢水位超过允许范围时，应解除上游对接，并调整承船厢水深。

6. 船舶出厢试验

上游信号灯绿灯亮，船舶解缆，驶出承船厢。船舶出厢过程中航行速度不大于设计值，船舶底部不得接触承船厢底铺板。

7. 上游解除对接

承船厢与上游闸首解除对接按照第六章第三节承船厢和闸首解除对接流程进行。

五、 船只下行试验

操作人员在集控室通过上位机进行有船下行自动流程试验，包括上游对接、船舶进厢、上游解除对接、承船厢下行、下游对接、船舶出厢和下游解除对接等7个试验步骤。

1. 上游对接

承船厢与上游闸首对接按照第六章第三节承船厢和闸首对接流程进行。当承船厢水位超过允许范围时，解除上游对接，并调整承船厢水深。

2. 船舶进厢

上游信号灯绿灯亮，船舶驶入承船厢，船舶停靠并且完成系缆后，信号灯红灯亮，船舶进厢完成。

船舶进厢过程中航行速度不得大于设计值，船舶不得碰触防撞梁，船舶底部不得接触承船厢底铺板。

3. 上游解除对接

承船厢与上游闸首解除对接按照第六章第三节承船厢和闸首解除对接流程进行。

4. 承船厢下行

启动传动装置、制动泵站、稀油润滑站，各机构运行准备好→电机预加力矩，提升卷筒安全制动器松闸，电机继续预加力矩，工作制动器松闸，电机启动，承船厢下行→承船厢到达下游对接位置，工作制动器上闸，提升卷筒安全制动器上闸，传动装置、制动泵站、稀油润滑站停止运行。

5. 下游对接

全平衡升船机承船厢下游对接按照第六章第三节承船厢和闸首对接流

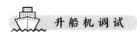

程进行。下闸首通航工作门和承船厢工作门开启后，由于引航道水位变化，引起承船厢水位超过设计允许范围时，则应立即进行解除对接，并对承船厢水深进行调整。

入水式升船机承船厢与下游水位对接时，降下承船厢下游端防撞梁，开启下游端承船厢工作门，如果由于下游水位变化，引起承船厢水位超过设计允许范围时，则应点动升降承船厢，使承船厢水深满足设计要求。

6. 船舶出厢

下游信号灯绿灯亮，船舶解缆，驶出承船厢。船舶出厢过程中航行速度不大于设计值，船舶底部不得接触承船厢底铺板。

7. 下游解除对接

全平衡升船机承船厢下游解除对接按照第六章第三节承船厢和闸首解除对接流程进行。

对于入水式升船机，船舶进厢停靠并且完成系缆后，关闭下游端承船厢工作门，再升起承船厢下游端防撞梁，完成承船厢与下游水位解除对接。

连续进行升船机船舶上行和船舶下行试验时，试验船只驶出上、下游引航道，在上、下游水域合适区域完成掉头后，继续进行过船试验。

六、 主要调试、试验项目

(1) 满载船舶过船时对升船机的计算机监控系统、升船机状态检测及诊断系统、故障保护和紧急事故处理系统、船舶检测装置、通航信号灯和广播指挥系统、图像监视及多媒体系统等进行调试、试验。

(2) 检验升船机通航净空尺度。

(3) 船舶进出承船厢内的水力学特性，包括船舶最大下沉量、航行波状况、最大水面涌高值、水面波动、航行速度、历时等。

(4) 主提升设备的运行特性、运行参数、运行时间等。

(5) 承船厢顶紧、对接锁定装置的性能。

(6) 钢丝绳张力。

(7) 密封框水封泄漏量。

第二节 船舶夜航试验

一、 船舶夜航试验条件

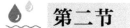

（1）船舶夜航试验必须在正常实船试验完成并通过验收的基础上进行。

（2）所有参与试验的设备均应检查完好，设备供电正常、可靠。升船机各机构的锁定装置处于正常状态。升船机各控制单元及集控与现地站之间通信正常。

（3）试验时，上、下游航道水位满足通航要求，上、下游与闸首工作门对接过船时水位变幅应在许可范围内。

（4）所有夜航照明设施已全部安装完毕，照明亮度满足设计要求。

二、 试验前的检查

（1）检查上、下游引航道畅通，无影响船舶通行的阻碍物等。

（2）升船机集控操作员站无影响运行的二类故障报警及三类故障报警信号。

（3）升船机现地各闸首子站无影响运行的二类故障报警及三类故障报警信号。

（4）检查升船机上、下闸首工作门关闭到位，上、下闸首检修门开启到位，上、下闸首工作大门于适合当前水头位置、通航工作门关闭到位、承船厢工作门关闭到位。

（5）升船机各机构的锁定装置处于正常状态。

（6）升船机各控制单元及集控与现地站之间通信正常。

（7）检查上、下游航道水位、承船厢水深满足通航要求。

（8）检查升船机在上、下游与闸首工作门对接过船时水位变幅在许可范围内。

（9）检查上、下游边界灯、中心灯，承船厢照明灯、边界灯已全部开启。

三、 试验流程

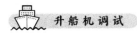

船舶夜航试验分别按照船舶上行、船舶下行、双向通行进行试验，试验流程参见本章第一节内容。

第八章

安全性能试验

第一节　防撞梁撞击试验

一、试验目的

（1）检验防撞梁及附属结构的挡船效果与能力。

（2）检测船体与防撞梁撞击后承船厢内水体的力学特性。

（3）检验制动系统船体与防撞梁撞击下的安全性能。

（4）检验承船厢附属机构撞击事故下的承载能力。

（5）为升船机运行过程中出现撞击事故工况积累经验。

二、试验条件

（1）参与试验的所有升船机金属结构、机械设备及电气设备均应安装、检验、验收完毕，所有设备均已完成各类调试试验并运行正常。

（2）所有参与试验的设备均应检查完好，设备供电正常、可靠。升船机各控制单元及集控与现地站之间通信正常，升船机闭锁条件满足。

（3）水位满足通航要求，上、下游与闸首工作门对接过船时水位变幅应在许可范围内。

（4）试验船舶已准备好且为满载设计标准船型。

三、主要检测项目

（1）船只接触防撞梁时的航速观测和记录。

（2）船只与防撞梁撞击后的后退距离观测和记录。

（3）船只与防撞梁撞击过程中承船厢内的水力学特性观测和记录，包括水面波动、流态变化等。

（4）防撞梁在实船撞击过程中梁体的两端、跨中、撞击处应力实时监测及数据采集。

（5）防撞梁在实船撞击过程中梁体跨中变形实时监测及数据采集。

（6）船只与防撞梁撞击过程中对接顶紧机构实时监测及数据采集。

（7）船只与防撞梁撞击过程中对接锁定机构状态实时监测及数据采集。

（8）船只与防撞梁撞击过程中对接密封机构时监测及水封的泄漏情况观测。

（9）船只与防撞梁撞击过程中钢丝绳状态实时监测及数据采集。

（10）船只与防撞梁撞击过程中提升油缸和缓冲油缸的载荷变化观测。

（11）制动系统实时监测及数据采集。

（12）升船机的主拖动系统、监控系统、升船机状态检测及诊断系统、故障保护和紧急事故处理系统、通航信号灯和广播指挥系统、图像监视及多媒体系统、消防系统等事故响应能力的检测。

（13）试验完成后对升船机各机械、电气设备完好性的检测。

四、试验流程

满载标船撞击速度由慢到快，分别以船舶进厢设计速度的40%、60%、80%、100% 4个速度驶向防撞梁前停车，试验分别撞击承船厢上、下游防撞梁。

1. 上游侧防撞梁实船撞击试验流程

（1）承船厢与下闸首工作门对接，承船厢水域与下游航道水域连通。下游防撞梁处于落下非工作状态。

（2）试验船只停泊在下游侧，试验船只处于待进入承船厢状态。

（3）承船厢顶紧机构、对接锁定机构处于工作状态。

（4）上游防撞梁升起处于工作挡船状态，防撞梁操作油缸处于保压闭锁状态。

（5）试验船舶分别以进厢设计速度的40%、60%、80%、100%的航速驶入承船厢，至上游防撞梁前停车，使船舶撞击防撞梁。

2. 下游侧防撞梁实船撞击试验流程

（1）承船厢位于下闸首对接位。

（2）试验船只停泊在承船厢内，船艄在下游侧，船艉位于上游侧，试验船只处于待出承船厢向下游状态。

(3) 承船厢顶紧机构、对接锁定机构处于工作状态。

(4) 上、下游防撞装置均处于工作挡船状态，防撞梁操作油缸处于保压闭锁状态。

(5) 试验船舶分别以设计速度的40%、60%、80%、100%的航速驶出承船厢，至下游防撞梁前停车，使船舶撞击防撞梁。

五、试验细则

1. 上游侧防撞梁实船撞击试验

(1) 准备工作。对防撞梁按照图纸进行应力测试贴片。试验船只在下游侧等待上行。

(2) 闸首工作门调整。根据上、下闸首水位情况在上位机上操作调整工作门上、下位置。

(3) 承船厢下行停位并对接。根据承船厢水位高程及下闸首水位高程，判定承船厢下行及行走距离，启动下行流程，承船厢以额定速度下行。承船厢下降至下游对接位并停机，所有制动器上闸。按对接流程进行对接。

(4) 检测数值标定及记录。标定防撞梁应力应变初始值，记录承船厢水深、钢丝绳吊点高程位置、对接锁定油缸压力、防撞梁油缸压力以及制动器抱闸位置等参数。利用应力检测设备实时检测防撞梁应力变化数值。用水位计测量承船厢整体的挠度值。根据卷筒上的编码器数值判断主提升机构是否发生运动。检查所有制动器的工作状况，是否发生滑动。测量钢丝绳伸长量。采用自动跟踪式全站仪对船舶进厢定位、船舶后退距离和撞击速度测试。

(5) 碰撞试验。试验船舶分别以进厢设计速度的40%、60%、80%、100%的航速驶入承船厢，至上游防撞梁前停车，使船舶撞击防撞梁。记录防撞梁应力变化、防撞梁整体变形、钢丝绳状态、承船厢内水位变化以及制动器抱闸滑移等状况。

(6) 检查防撞梁及船只情况，各相关机械设备、电气设备是否完好。若防撞梁损坏须更换。

2. 下游侧防撞梁实船撞击试验

承船厢位于下游对接位置，试验船只位于承船厢内，承船厢上下游卧倒门关闭，上下游防撞梁升起处于工作状态，船只分别以设计速度的40％、60％、80％、100％的航速驶向下游防撞梁前停车，使船舶撞击防撞梁。其余步骤同上。

六、试验报告

在试验实施前，根据试验技术要求的内容，制定详细的试验实施方案、可靠的安全保证措施及应急预案，编制试验过程中的各类记录表格，详细记录试验中的数据资料，最终形成试验报告，其主要内容应包括：

（1）各项机械设备、电气设备试验过程中的状态监测。

（2）各项参与试验的机械设备的应力、变形监测。

（3）安全制动系统在试验过程中的状态监测。

（4）试验过程中发现的问题及解决措施。

（5）现场试验日志。

（6）对升船机正式运行操作规程的建议意见。

第二节　承船厢水漏空试验

一、试验目的

（1）检验承船厢水漏空工况下安全机构的可靠性。

（2）检测承船厢在漏水过程中的应力及变形情况。

（3）为承船厢升降过程中出现漏水事故工况积累经验。

二、试验条件

（1）升船机必须满足制动力大于平衡重与空承船厢重量之差且重力平衡重重量小于或等于承船厢重量，才能进行承船厢水漏空试验。

（2）参与试验的所有升船机金属结构、机械设备及电气设备均应安装、检验、验收完毕，所有设备均已完成各类调试试验并运行正常。

（3）所有参与试验的设备均应检查完好，设备供电正常、可靠。升船机各机构的锁定装置处于正常状态。升船机各控制单元及集控与现地站之间通信正常。升船机闭锁条件满足。

三、主要检测项目

（1）承船厢在水漏空过程中主纵梁和主横梁的两端、跨中应力实时监测及数据采集。

（2）承船厢在水漏空过程中主纵梁和主横梁跨中变形实时监测及数据采集。

（3）承船厢在水漏空过程中钢丝绳状态实时监测及数据采集。

（4）承船厢在水漏空过程中厢体姿态实时观测。

（5）制动系统状态实时监测及数据采集。

四、试验流程

（1）承船厢加水至标准水深。

（2）承船厢运行至厢池底部，锁定梁推出（不锁定）。

（3）平衡重在上锁定位，锁定梁全部推出（不锁定）。

（4）主提升机停机，制动系统处于抱闸工作状态。

（5）利用承船厢泄水阀泄放承船厢水直至漏空。

五、试验细则

（1）准备工作。对承船厢主纵梁和主横梁按照要求进行应力测试贴片。试验前将承船厢水深调整至标准水深。检查升船机充泄水系统、承船厢排水阀及集水井排水系统，均能够正常工作。

（2）承船厢运行至下锁定位。上位机操作承船厢运行至下锁定位，平衡重至上锁定位。

（3）主提升机停机，所有制动器处于制动状态。

（4）锁定梁推出。将所有承船厢锁定梁、平衡重锁定梁推出（不接触）。

（5）检测数值标定及记录。标定承船厢应力应变初始值。记录承船厢水深、钢丝绳吊点高程位置以及制动器抱闸位置等参数。

（6）承船厢水放空。利用承船厢排水阀将承船厢水排空，同时利用集水井将排出得水排至渠道，防止承船厢室内设备不被淹没。放水过程中，实时监测承船厢应力变化、整体变形、钢丝绳吊点高程变化以及制动器抱闸滑移、钢丝绳状态等状况。

（7）待试验结束后，利用抽水泵对承船厢内充水，直至标准水深，恢复直至满足升船机正常工作。

六、 试验报告

试验实施前，根据试验技术要求的内容，制定详细的试验实施方案、可靠的安全保证措施及应急预案，编制试验过程中的各类记录表格，详细记录试验中的数据资料，最终形成试验报告，其主要内容应包括：

（1）各项机械设备、电气设备试验过程中的状态监测。

（2）各项参与试验的机械设备的应力、变形监测。

（3）安全制动系统在试验过程中的状态监测。

（4）试验过程中发现的问题及解决措施。

（5）现场试验日志。

（6）对升船机正式运行操作规程的建议意见。

第三节 模拟沉船试验

一、 试验目的

（1）检验升船机模拟沉船工况下安全机构的可靠性。

（2）检测承船厢在模拟沉船过程中的应力及变形情况。

（3）为承船厢升降过程中出现沉船事故工况积累经验。

二、试验条件

(1) 参与试验的所有升船机金属结构、机械设备及电气设备均应安装、检验、验收完毕，所有设备均已完成各类调试试验并运行正常。

(2) 所有参与试验的设备均应检查完好，设备供电正常、可靠。升船机各机构的锁定装置处于正常状态。升船机各控制单元及集控与现地站之间通信正常。升船机闭锁条件满足。

(3) 水位满足通航要求，上、下游与闸首工作门对接过船时水位变幅应在许可范围内。

三、主要检测项目

(1) 承船厢在加水过程中主纵梁和主横梁的两端、跨中应力实时监测及数据采集。

(2) 承船厢在加水过程中主纵梁和主横梁跨中变形实时监测及数据采集。

(3) 承船厢在加水过程中钢丝绳状态实时监测及数据采集。

(4) 承船厢在加水过程中厢体姿态实时观测。

(5) 制动系统状态实时监测及数据采集。

(6) 对接锁定装置实时监测及数据采集。

(7) 对接密封机构水封的泄漏情况观测。

四、试验流程

(1) 承船厢加水至标准水深。

(2) 承船厢与下闸首工作门对接，对接密封机构推出，充泄水系统对密封框充水，待水位平齐后，开启下闸首卧倒门（密封框在承船厢上）或承船厢卧倒门（密封框在闸首上），承船厢水域与下游航道水域不连通。

(3) 承船厢顶紧机构、对接锁定机构处于工作状态。

(4) 主提升机停机，制动系统处于抱闸工作状态。

(5) 利用补水设备向承船厢加水至承船厢内水重量增加标准船舶重量。

五、试验细则

（1）准备工作。对承船厢主纵梁和主横梁按照要求进行应力测试贴片。

（2）下闸首工作门调整到位。上位机操作下闸首工作门，根据下闸首水位情况调整工作门上下位置。

（3）承船厢下行停位。上位机根据承船厢水位高程及下闸首水位高程，判定承船厢下行距离，启动下行流程，保证承船厢水位与下游水位偏差在±10mm 范围内。

（4）承船厢与下闸首对接。上位机操作依次执行顶紧机构推出，密封框推出，对接锁定机构推出，充泄水系统对密封框充水，待水位平齐后，开启下闸首通航工作门（密封框在承船厢上）或承船厢卧倒门（密封框在闸首上）。此时承船厢工作门（闸首工作门）处于关闭状态。过程中监视密封框密封状况及充泄水系统运行情况。

（5）检测数值标定及记录。标定承船厢应力应变初始值，记录承船厢水深、钢丝绳吊点高程位置、对接锁定油缸压力以及制动器抱闸位置等参数。实时采集承船厢主纵梁和主横梁的应力变化数值。用水位计测量承船厢整体的挠度值。根据卷筒上的编码器数值判断主提升机构是否发生运动。检查所有制动器的工作状况，是否发生滑动。测量钢丝绳伸长量。

（6）向承船厢内注水。利用充泄水系统从下游引航道向承船厢内注水，直至达到模拟沉船承船厢水深。实时监测承船厢内水位变化、承船厢应力变化、承船厢整体变形、钢丝绳伸长情况、制动器滑移情况、对接锁定油缸工作状况以及对接密封机构漏水情况。

（7）利用承船厢两端的泄水阀进行排水，将承船厢内水位下降至标准水位。

六、试验报告

在试验实施前，根据试验技术要求的内容，制定详细的试验实施方案、可靠的安全保证措施及应急预案，编制试验过程中的各类记录表格，详细记录试验中的数据资料，最终形成试验报告，其主要内容应包括：

(1) 各项机械设备、电气设备试验过程中的状态监测。

(2) 各项参与试验的机械设备的应力、变形监测。

(3) 安全制动系统在试验过程中的状态监测。

(4) 试验过程中发现的问题及解决措施。

(5) 现场试验日志。

(6) 对升船机正式运行操作规程的建议意见。

参　考　文　献

[1] 金一心．升船机适用条件的研究［J］．水运工程，2006（10）：160-163.

[2] 交通部水运科学研究所．世界升船机发展趋势［M］．1959.

[3] 钮新强，宋维邦．船闸与升船机设计［M］．北京：中国水利水电出版社，2007.

[4] 国外近期港工航道发展概况（三）——国外船闸和升船机概况［J］．水利水运科技情报，1973（01）：1-10.

[5] 关玉．法国的蒙特斯水坡［J］．珠江水运，2014（12）：31.

[6] 世界上第一台旋转升船机［J］．江苏水利，2001（06）：48.

[7] 孙精石．关于升船机的调查研究［J］．水道港口，2001（03）：141-145.

[8] 孙国森．高标准严要求建成我国第一座垂直升船机［J］．红水河，1999（04）：2-4.

[9] 蒋春祥，招健生．岩滩升船机主机结构布置及其特点［J］．红水河，1999（04）：15-18.

[10] 汪云祥，扈晓雯．水口水电站2×500t级垂直升船机总体设计［C］//水工机械技术2008年论文集，2007：16-27.

[11] 钮新强．三峡升船机结构关键技术研究［D］．武汉：华中科技大学，2005.

[12] 余友安，廖乐康，金辽．构皮滩垂直升船机金属结构和机械设备设计研究［J］．人民长江，2019，50（05）：119-126.

[13] 廖乐康，于庆奎，吴小宁．钢丝绳卷扬垂直升船机设备布置设计与研究［J］．人民长江，2009，40（23）：61-64.

[14] 雷念芳．垂直升船机运行流程设计与实现［J］．计算机与数字工程，2005（07）：121-124.

[15] 王增福，王怀茂．岩滩升船机现场调试的若干问题［J］．红水河，1999（04）：96-98.